Hacia una vivienda participativa

Conociendo las cooperativas de viviendas

Hacia una vivienda participativa

Conociendo las cooperativas de viviendas

Juana M. Trujillo Porcel

"Las cooperativas de viviendas representan una forma efectiva y equitativa de permitir que las personas tengan acceso a una vivienda asequible y de alta calidad."

Franklin D. Roosevelt

Es un placer presentarles mi libro, "Hacia una vivienda participativa: Conociendo las cooperativas de viviendas". A lo largo de estas páginas, los invito a explorar el mundo de las cooperativas de viviendas, un modelo habitacional que ha tenido un impacto significativo en diversas comunidades globales.

Mi objetivo al escribir este libro es proporcionarles a ustedes, estimados lectores, una guía clara para comprender las cooperativas de viviendas y cómo pueden abordar los desafíos habitacionales actuales de manera efectiva.

Este libro está dedicado a todas las personas que anhelan tener un hogar propio y que valoran la participación activa, la solidaridad y la colaboración como elementos fundamentales para un futuro mejor.

Espero que esta obra les brinde el conocimiento y la inspiración necesarios para explorar proyectos cooperativos de viviendas y que se convierta en una herramienta útil en su búsqueda de una vivienda más justa y participativa.

Con ilusión y gratitud,

Juana María Trujillo Porcel

A mi cómplice de aventuras,
descubrimientos, éxitos y fracasos.

INTRODUCCIÓN

El cooperativismo de viviendas en España tiene una rica historia que se remonta al año 1911 con la promulgación de la Ley de Bases de Casas Baratas. Fue en ese momento cuando la legislación comenzó a reconocer y fomentar la formación de cooperativas de viviendas como una opción destacada para la construcción de viviendas de protección oficial. A lo largo de los años, esta trayectoria ha evolucionado, pero aún quedan muchas posibilidades por explorar en cuanto al potencial de las cooperativas de viviendas.

En el contexto español, este modelo ha sido desarrollado de manera relativamente limitada, enfocándose principalmente en la construcción de viviendas que sus miembros luego adquieren como propiedades individuales. Sin embargo, este enfoque restringido ha impedido aprovechar todo el espectro de ventajas que las cooperativas podrían proporcionar, tal como se ha evidenciado en otros países de Europa y América. Estos beneficios abarcan desde la creación de un inventario adecuado de viviendas diseñadas para adaptarse a las necesidades de sus habitantes, hasta la estabilización de los precios de la vivienda, la promoción de un urbanismo más sostenible y la oferta de diversos servicios a los propietarios y usuarios de estas viviendas y edificios.

Dentro del panorama actual, complejo y diverso, que rodea la cuestión habitacional, estamos siendo testigos de un resurgimiento del modelo de cooperativas de viviendas. Este modelo está emergiendo como una alternativa robusta y llena de promesas. En un país donde la adquisición de una vivienda digna ha escalado hasta convertirse en un desafío apremiante, estas cooperativas se presentan como auténticos faros de esperanza, brindando a las personas la oportunidad de trazar su propio camino en el ámbito residencial.

La confluencia de la crisis económica y el constante aumento de los precios de la vivienda ha exacerbado una realidad que muchos consideraban inmutable: la dificultad de acceder a una vivienda en propiedad. En este contexto crucial, las cooperativas de viviendas han surgido en el horizonte habitacional como un enfoque audaz y colaborativo. Desafían con valentía las convenciones preestablecidas del mercado inmobiliario y ofrecen una perspectiva renovada para abordar la necesidad de viviendas asequibles y de calidad.

Es de suma importancia reconocer que estas cooperativas no solo representan una respuesta a la crisis habitacional, sino que también encarnan un recordatorio poderoso de que, unidos como comunidad, poseemos la capacidad necesaria para dar forma a nuestro entorno. Con nuestro esfuerzo colectivo, podemos labrar un futuro en el que la inclusividad y la equidad sean los pilares fundamentales.

En un análisis más amplio, la crisis económica global ha evidenciado las limitaciones de la dicotomía tradicional entre la propiedad y el alquiler de viviendas, tal como está establecida en nuestro sistema jurídico. En este contexto, se están explorando nuevas vías de tenencia inmobiliaria. Una de estas vías se basa en la promoción del concepto de "vivienda colaborativa", que engloba una diversidad de enfoques (como viviendas comunitarias, proyectos dirigidos por residentes, modelos participativos o co-housing) en los cuales un grupo de individuos se auto-organiza para proporcionar viviendas. En este modelo, se priorizan las relaciones colaborativas entre los residentes, así como la calidad de vida, la sostenibilidad ambiental, el contacto social y la participación activa de los miembros. La crisis financiera global ha introducido nuevos valores en este modelo, como la asequibilidad y la inclusión social.

Otra senda hacia la transformación habitacional involucra la adaptación de las instituciones del Derecho civil para satisfacer las necesidades socioeconómicas emergentes.

Un ejemplo concreto de vivienda colaborativa es el concepto de "co-housing", cuyos orígenes se remontan a Dinamarca en la década de 1960. Este enfoque se caracteriza por la coexistencia de espacios privados residenciales bajo diferentes tipos de derechos (reales u obligacionales) y espacios comunes cuya calidad y cantidad dependen de las preferencias y la capacidad financiera de los miembros. Normas privadas, como estatutos, aseguran el funcionamiento eficiente de la comunidad y fomentan la participación activa de todos sus integrantes. Los propios miembros tienen la potestad de determinar quiénes pueden unirse a la comunidad. Valores fundamentales como la solidaridad, la inclusión, el activismo social, el apoyo mutuo y la sostenibilidad ambiental son los pilares de este enfoque de "co-housing".

En el contexto español, el "co-housing" se ha implementado principalmente a través del modelo cooperativo. Estas cooperativas, inspiradas en el modelo danés "Andel"[1], mantienen la propiedad de las viviendas y otorgan su uso a los socios. La elección de este modelo cooperativo se fundamenta en principios como la autoayuda, la democracia, la igualdad y la solidaridad. Estos principios permiten que las decisiones sean tomadas de manera conjunta desde el inicio del proyecto, fomentando así una experiencia de vida en comunidad y promoviendo un enfoque no especulativo.

La pregunta central que debemos tener en mente es si las cooperativas de viviendas en régimen de cesión de uso pueden constituir una alternativa viable a las formas tradicionales de tenencia de vivienda en España, es decir, la propiedad y el alquiler. Para que estas cooperativas sean consideradas como una opción sólida, deben ofrecer estabilidad, flexibilidad, asequibilidad y seguridad jurídica en la tenencia.

COOPERATIVAS EN GENERAL

"Asociación autónoma de personas que se han unido voluntariamente para hacer frente a sus necesidades y aspiraciones económicas, sociales y culturales comunes, por medio de una empresa de propiedad conjunta y democráticamente controlada"

ALIANZA COOPERATIVA INTERNACIONAL
Declaración sobre la Identidad Cooperativa, Manchester 1995

Una cooperativa es una entidad o empresa autónoma y democráticamente gestionada por un grupo de personas que comparten un interés común, ya sea económico, social, cultural o en otro ámbito.

Estas personas se unen voluntariamente para satisfacer sus necesidades y aspiraciones a través de la propiedad y el control compartidos, tomando decisiones de manera participativa y equitativa. Las cooperativas operan con el objetivo de beneficiar a sus miembros y a la comunidad en general, y su estructura se basa en los principios de igualdad, equidad y solidaridad.

En lugar de estar dirigidas por un solo individuo o un pequeño grupo de propietarios, en una cooperativa cada miembro tiene una voz en la toma de decisiones y participa en los beneficios y responsabilidades de la organización.

Los principales sectores de desarrollo

Las cooperativas más populares y más antiguas son las agrícolas, pero hay que tener claro que pueden dedicarse a una amplia variedad de actividades en diversos sectores económicos. Su enfoque puede variar según las necesidades y aspiraciones de sus miembros y la demanda del mercado, como lo son:

- Agricultura y alimentos: Muchas cooperativas agrícolas reúnen a agricultores para comprar insumos a granel, compartir maquinaria y vender productos juntos. También pueden estar involucradas en la transformación y comercialización de alimentos.
- Crédito y finanzas: Ofrecen servicios financieros a sus miembros, incluyendo préstamos, cuentas de ahorro y otros servicios bancarios.
- Consumidores: Estas cooperativas se centran en la compra conjunta de bienes y servicios para obtener precios más bajos y productos de mejor calidad para sus miembros.

- Energía renovable: Las cooperativas energéticas pueden ser propietarias de instalaciones de energía renovable, como paneles solares o turbinas eólicas, y distribuir la energía generada entre sus miembros.
- Educación: Algunas cooperativas están relacionadas con la educación y pueden ser propiedad de profesores, estudiantes o padres, brindando servicios educativos.
- Salud: Cooperativas de atención médica que brindan servicios de atención médica y seguros de salud a sus miembros.
- Producción y manufactura: Cooperativas industriales y de manufactura en las que los trabajadores son propietarios y participan en la gestión y beneficios de la empresa.
- Servicios: Pueden abarcar una amplia gama de servicios, como transporte, turismo, tecnología de la información, servicios legales y más.
- Artes y cultura: Algunas cooperativas pueden formarse para promover y respaldar actividades culturales y artísticas, como galerías de arte, editoriales cooperativas y teatros.
- *Y por supuesto,* vivienda: Las cooperativas de vivienda permiten a los miembros acceder a viviendas asequibles y gestionar conjuntamente los aspectos de propiedad y mantenimiento.

Estos son solo ejemplos, las cooperativas pueden existir en prácticamente cualquier sector en el que los miembros vean una oportunidad de colaboración y beneficio mutuo. Las actividades de una cooperativa se moldean en función de las necesidades y deseos de sus miembros, así como de las condiciones del mercado en el que operan.

Leyes españolas de regulación de cooperativas en general

Los antecedentes normativos previos a la primera ley de cooperativas de 1931 en España se remontan a fines del siglo XIX, con un proyecto que tenía como objetivo abordar las deficiencias presentes en el Código de Comercio de 1885 y la ley de asociaciones de 1887 en relación a este asunto. Sin embargo, dicho proyecto no se concretó, al igual que el anteproyecto elaborado por una comisión en 1925. A pesar de varios intentos posteriores, ninguno logró resultados positivos. No fue sino hasta poco después del inicio de la Segunda República española que, gracias a la gestión del ministro de Trabajo Largo Caballero, se emitió el decreto del 4 de julio de 1931, el cual se convirtió en ley el 9 de septiembre del mismo año.

Esta ley regulaba diversas formas de cooperativas, incluyendo las de consumo, producción, crédito y agrícolas. Además, establecía un marco jurídico común para todas estas modalidades. Posteriormente, el Decreto del 2 de octubre de 1931 aprobó el reglamento para la implementación de dicha ley.

La segunda ley de cooperativas en España fue la Ley de 27 de octubre de 1938, que modificaba parcialmente la ley anterior. Esta ley introducía algunas novedades, como la posibilidad de constituir cooperativas mixtas, la obligación de inscribir las cooperativas en el Registro Mercantil y la creación del Consejo Superior de Cooperación.

La tercera ley de cooperativas en España fue la Ley de 2 de enero de 1942, que derogaba las leyes anteriores y establecía una nueva regulación para las cooperativas. Esta ley se inspiraba en los principios del corporativismo y el nacional-sindicalismo, y limitaba la autonomía y la democracia interna de las cooperativas. El Decreto 2396/1971 aprobó el reglamento para la aplicación de la ley.

La cuarta ley de cooperativas en España fue la Ley 3/1987, que derogaba la ley anterior y adaptaba el régimen jurídico de las cooperativas a las exigencias del Estado de las Autonomías. Esta ley reconocía la competencia legislativa de las Comunidades Autónomas sobre las cooperativas que desarrollaran su actividad principalmente en su territorio, y establecía una serie de principios básicos y normas mínimas para las cooperativas que tuvieran ámbito estatal o interautonómico.

La quinta y actual ley de cooperativas en España es la Ley 27/1999, que derogó la ley anterior y actualizó el régimen jurídico de las cooperativas. Esta ley incorporó algunas novedades, como la clasificación de las cooperativas según su objeto social, la posibilidad de constituir sociedades cooperativas europeas, la regulación del régimen fiscal específico y la creación del Consejo Estatal del Cooperativismo.

Además de estas leyes estatales, existen diversas leyes autonómicas que regulan las cooperativas en cada Comunidad Autónoma. Actualmente, 16 de las 17 Comunidades Autónomas han promulgado sus propias leyes de cooperativas, siendo Canarias la única que no lo ha hecho.

- Ley 4/1993, de 24 de junio, de Cooperativas de Euskadi (B.O.P.V. de 19 de julio y Ley 1/2000, de 29 de junio, de modificación de la Ley de Cooperativas de Euskadi (B.O.P.V. de 1 de agosto).
- Ley Foral 12/1996, de 2 de julio, de Cooperativas de Navarra (B.O. de Navarra de 19 de julio y B.O.E. de 10 de octubre de 1996).
- Ley 8/2003, de 24 de marzo, de cooperativas de la Comunidad Valenciana. Publicada en el DOGV 4468, de 27 de marzo de 2003 y en el BOE 87, de 11/04/2003.
- Ley 2/1998, de 26 de marzo, de Sociedades de Cooperativas de Extremadura (D.O.E. de 2 de mayo y B.O.E. de 29 de mayo de 1998).
- Ley 5/1998, de 18 de diciembre, de Cooperativas de Galicia (D.O. Galicia de 30 de diciembre y B.O.E. de 25 de marzo de 1999).
- Ley 6/1998, de 13 de mayo, de regulación del funcionamiento de las Secciones de Crédito de las Cooperativas de Cataluña (DO. Generalitat de Cataluña de 21 de mayo de 1998 y B.O.E. de 17 de junio de 1998).
- Ley 9/1998, de 22 de diciembre, de Cooperativas de Aragón (B.O.A. de 31 de diciembre y B.O.E. de 27 de enero de 1999).
- Ley 2/1999, de 31 de marzo, de Sociedades Cooperativas Andaluzas (B.O.J.A. de 20 de abril y B.O.E. de 5 de mayo de 1999).

- Ley 4/1999, de 30 de marzo, de Cooperativas de la Comunidad de Madrid (B.O.C.M. de 14 de abril y B.O.E. de 2 de junio de 1999).
- Ley 4/2001, de 2 de julio, de Cooperativas de La Rioja (B.O.A de La Rioja de 10 de julio y B.O.E. de 19 de julio de 2001).
- Ley 5/2001, de 10 de mayo, de Crédito Cooperativo (Extremadura). (D.O.E. de 7 de junio de 2001).
- Ley 4/2002, de 11 de abril, de Cooperativas de la Comunidad de Castilla y León (B.O. de Castilla y León de 26 de abril de 2002 y BOE de 15 de mayo de 2002).
- Ley 18/2002, de 5 de julio, de Cooperativas de la Comunidad Autónoma de Cataluña (D.O.G.C. de 17 de julio y B.O.E. de 27 de julio de 2002).
- Ley 20/2002, de 14 de noviembre, de Cooperativas de Castilla-La Mancha (DOCM 146, de 25 de noviembre).
- Ley 3/2002, de 16 de diciembre, por la que se modifica la Ley 2/199, de 31 de marzo, de Sociedades Cooperativas Andaluzas. Publicada en el B.O.E. nº 10 de 11/01/2003.
- Ley 1/2003, de 20 de marzo, de cooperativas de Baleares. Publicada en el BOIB 42, de 29/03/2003 y en el BOE 91, de 16/04/2003.

Sobre la actual ley que regula las cooperativas

Según se interpreta en la exposición de motivos de la última ley aprobada sobre cooperativas, Ley 27/1999, de 16 de julio, de Cooperativas, como entidades socioeconómicas fundamentales, deben adaptarse a las constantes evoluciones que se suceden en la contemporaneidad.

Los cambios tecnológicos, económicos y laborales, que otorgan prominencia a las pequeñas y medianas empresas, y la emergencia de nuevas fuentes de empleo, otorgan un amplio horizonte de crecimiento a las cooperativas. Esto demanda una base jurídica robusta para su establecimiento como entidades empresariales sólidas. En un mundo cada vez más competitivo y regulado, la competitividad se convierte en un aspecto intrínseco de la identidad cooperativa. Para que los valores sociales perduren, es vital que la eficiencia y la rentabilidad que caracterizan a las empresas se mantengan.

La Constitución Española, insta a los poderes públicos a impulsar las sociedades cooperativas mediante leyes adecuadas. Esto motiva al legislador a trazar un camino propicio para las iniciativas colectivas de los ciudadanos generadoras de empleo y riqueza.

El fomento del cooperativismo, como una vía de integración económica y laboral, permite combinar las exigencias competitivas y rentables con los valores arraigados en las cooperativas a lo largo de más de un siglo y medio. Los principios éticos que subyacen a los conceptos cooperativos delineados por la alianza cooperativa internacional, como la solidaridad, democracia, igualdad y orientación social, encuentran su espacio en la nueva Ley.

Esta ley consagra tales valores como esenciales para edificar empresas viables que los socios abracen al ver en ellas la realización de proyectos que aseguran sus empleos y trayectorias profesionales. Se hace imperativo contar con una Ley de Cooperativas que, al reforzar los fundamentos esenciales del espíritu cooperativo, constituya una herramienta legal eficaz ante los desafíos empresariales y económicos surgidos con la entrada en la Unión Monetaria Europea.

Las demandas actuales de solidaridad y la generación de empleo hallan atención en la Ley, al fomentar el autoempleo colectivo como vehículo de integración social, y al involucrar a colectivos con dificultades de inserción laboral y a la participación pública en este ámbito.

La nueva Ley también emerge de la necesidad de incorporar a la normativa cooperativa cambios legislativos acontecidos a nivel nacional y comunitario. Desde 1989, diversas enmiendas al Derecho de sociedades se han implementado para adaptarlo a las Directivas europeas. Esta evolución conlleva regulaciones innovadoras que es pertinente incorporar a la legislación cooperativa, abarcando áreas como la publicidad societaria, la presentación de cuentas anuales, las fusiones y transformaciones, las competencias de órganos administrativos y los derechos y deberes de los socios.

En cuanto a la ley nacional, la nueva normativa tiene en cuenta la Ley General de Cooperativas 3/1987, que ajustó el régimen legal de las sociedades cooperativas y sus opciones de asociación a las demandas del Estado de las Autonomías. La transferencia de competencias a las Comunidades Autónomas implica una reformulación amplia del alcance de la nueva Ley, lo cual justifica una definición precisa. El artículo 2 establece que el ámbito de aplicación es estatal, cubriendo a las cooperativas que operen en este contexto.

En términos más generales, la Ley incorpora los cambios en los procedimientos jurídicos de garantía y apelación, y adopta innovaciones reconocidas en otros campos legales, como la auditoría y el régimen laboral. Al mismo tiempo, la Ley 30/1992, sobre Régimen Jurídico de las Administraciones Públicas y del Procedimiento Administrativo Común, orienta la acción administrativa hacia la eficiencia y la transparencia, principios que se aplican a la normativa cooperativa en relación con el registro y la promoción y supervisión gubernamental de las entidades cooperativas.

La Ley establece un marco flexible en el cual las propias cooperativas pueden auto-regularse, definiendo principios generales que deben guiar sus acciones. El objetivo primordial es fortalecer la entidad cooperativa como empresa, lo cual se logra al flexibilizar su estructura económica y societaria, así como al introducir novedades en financiación empresarial. La nueva normativa se estructura en tres títulos con ciento veinte artículos, trece disposiciones adicionales, cuatro disposiciones transitorias, tres disposiciones derogatorias y seis disposiciones finales.

Título I: Define el concepto de sociedad cooperativa, su diversidad de clases y regulación de su constitución. Introduce las Secciones, que permiten actividades específicas dentro de su ámbito. La cantidad de socios requeridos para establecer una cooperativa se reduce a tres, agilizando así su formación.

La constitución se realiza mediante comparecencia simultánea de todos los socios promotores ante un notario, suprimiendo la Asamblea constituyente.

Se flexibilizan los órganos sociales y se permite la creación de administrador único en cooperativas con menos de diez socios. Se regulan las operaciones con terceros y se amplían los límites de estas transacciones. Se introduce la figura del socio colaborador, ampliando sus posibilidades de participación, y se contempla la creación de vínculos sociales de duración determinada. Se establece el principio de un socio, un voto, aunque se admite el voto ponderado en algunas cooperativas específicas.

Se exime a los interventores de la revisión de cuentas si están sujetas a auditoría. El abono de intereses sobre las aportaciones al capital social depende de resultados positivos. Se actualiza el régimen de aportaciones al capital social y se refuerza el derecho de reintegro a las aportaciones sociales.

Se facilita la captación de recursos mediante la emisión de participaciones especiales y títulos participativos. Se fomenta la participación en el proceso productivo y se simplifica la diferenciación de resultados cooperativos y extracooperativos. La disciplina contable y transparencia se fortalecen con el depósito de cuentas anuales en el Registro de Sociedades Cooperativas.

Título II: Reconoce el fomento y desarrollo de cooperativas como tarea de interés general y establece principios generales para la organización del Registro de Sociedades Cooperativas.

Título III: Facilita la creación de asociaciones cooperativas para incentivar el movimiento cooperativo a nivel estatal.

COOPERATIVAS DE VIVIENDAS

En las últimas décadas, la relación entre la economía social y la vivienda en el contexto español ha experimentado tensiones. Aunque en países como Dinamarca, Canadá y Uruguay se han logrado éxitos al unir estos dos campos, en España las cooperativas de viviendas tradicionales no han conseguido incorporar de manera efectiva los principios de la economía social en el ámbito habitacional.

El problema de la vivienda en España ha sido objeto de creciente inquietud y extensa investigación en las décadas recientes. Esta preocupación se agudizó especialmente después del estallido de la burbuja inmobiliaria y las consiguientes repercusiones económicas y sociales.

Históricamente, las cooperativas de viviendas han tenido un papel relevante en la promoción y construcción de viviendas en España. En el pasado, jugaron un rol crucial al edificar viviendas y ofrecerlas posteriormente a los miembros de las cooperativas a un costo inferior. Generalmente, estas viviendas se entregaban en forma de propiedad una vez finalizada la construcción, y la cooperativa se disolvía. En años recientes, ha surgido un fenómeno adicional en el ámbito de las cooperativas de viviendas: la participación de antiguas empresas promotoras. Estas compañías, frente a la disminución de actividad y rentabilidad en la promoción y construcción, adoptan esta forma legal como un instrumento, alejándose significativamente del concepto tradicional de cooperativismo. Esta evolución ha llevado a una profunda reflexión por parte de diversas administraciones públicas sobre esta modalidad y los actores involucrados en este modelo.

Históricamente, las cooperativas de vivienda en España se han enfocado en la construcción de viviendas protegidas dirigidas a los sectores más desfavorecidos de la sociedad. Estos grupos solían quedar excluidos del mercado inmobiliario, especialmente cuando la demanda de vivienda no propiciaba que los promotores convencionales ofrecieran productos asequibles.

El cooperativismo de viviendas que ha prevalecido en España está estrechamente ligado a la promoción y construcción de viviendas protegidas bajo régimen cooperativo. Posteriormente, estas viviendas se adjudican entre los socios cooperativistas y la cooperativa se liquida. De esta manera, los futuros residentes (convertidos en socios cooperativistas) se benefician al evitar el margen de beneficio del promotor inmobiliario.

En consecuencia, las cooperativas de viviendas han sido un instrumento de la Economía Social que, aplicado al volátil mercado inmobiliario, han buscado proporcionar viviendas a precios más asequibles, al tiempo que fomentan la participación democrática de los socios "promotores" en la toma de decisiones. En España, estas cooperativas han sido principalmente utilizadas para la construcción de viviendas protegidas, acogiéndose a la legislación correspondiente.

En este contexto, las Cooperativas de viviendas operan como una unión voluntaria de individuos con el objetivo de adquirir viviendas para alojamiento temporal o permanente. Aunque el enfoque principal es la vivienda, a veces se incorporan elementos adicionales como garajes o despachos para los socios locales. Estas cooperativas tienen su propia categoría en el marco legal cooperativo, tanto a nivel estatal como autonómico.

La singularidad de estas cooperativas, denominadas "de viviendas", está intrínsecamente vinculada a su objeto principal, que es la vivienda en sí. La regulación que rige a estas cooperativas proviene de las normativas cooperativas y se complementa con las leyes de derecho civil relacionadas con el patrimonio, obligaciones y contratos. Particularmente en asuntos que afectan al derecho de propiedad de los inmuebles, se aplican las normas de derechos reales.

De acuerdo con las disposiciones actuales, una Cooperativa de viviendas se establece como una entidad jurídica independiente. Una vez que los miembros se unen, la cooperativa interactúa en su nombre con terceros para avanzar en sus objetivos sociales, como la gestión, construcción o renovación de propiedades, adquisición de activos y financiamiento.

Las Cooperativas de viviendas presentan diversos enfoques según diferentes escenarios. Estos pueden incluir la adquisición individual de propiedad con la eventual disolución de la cooperativa, la propiedad colectiva compartida por todos los socios o por la cooperativa con cesión del derecho de uso de las viviendas. Esta cesión puede llevarse a cabo a través de modalidades como el alquiler simple, alquiler-atribución, cesión de usufructo o uso. También existen cooperativas dedicadas a la construcción, autoconstrucción con el apoyo mutuo de trabajadores de la construcción, rehabilitación de viviendas y gestión de elementos y servicios comunes.

En el contexto español, las cooperativas de adjudicación en propiedad han sido predominantemente adoptadas, donde cada miembro obtiene la propiedad de su vivienda. La cooperativa puede optar por disolverse o mantenerse, enfocándose en la administración de las áreas compartidas.

Las cooperativas de viviendas pueden adoptar diferentes modalidades según el tipo de propiedad y uso de las viviendas. Algunos a destacar son:

- Cooperativas de Autoconstrucción: Los miembros de estas cooperativas se unen para construir sus propias viviendas colaborativamente. Las viviendas pueden ser construidas en co-propiedad o individualmente, pero los miembros contribuyen mutuamente con su trabajo en un espíritu de mutualidad. Se asemejan a cooperativas de trabajo en las que los miembros trabajan en beneficio propio para erigir sus hogares.
- Cooperativas de Construcción y Disolución: Estas

cooperativas contratan la construcción de viviendas para luego asignarlas en propiedad a sus miembros, tras lo cual se disuelven. Una vez completada la construcción, cada miembro obtiene la propiedad individual de su vivienda. Son cooperativas temporales cuya finalidad culmina tras la asignación de las viviendas.

- Cooperativas de Adjudicación con Administración Común: Tras asignar viviendas en propiedad a los miembros, estas cooperativas no se disuelven y continúan gestionando los elementos comunes de la propiedad. Pueden ofrecer servicios adicionales a los miembros y administrar bienes comunes en nombre de la cooperativa.

- Cooperativas de Uso: En estas cooperativas, los miembros no reciben propiedad individual de las viviendas, sino que mantienen la co-propiedad del edificio y acceden al uso y disfrute individual de las viviendas mediante arrendamiento, uso o usufructo, según la legislación aplicable.

- Cooperativas de Rehabilitación: Estas cooperativas son formadas por propietarios de viviendas que se unen para gestionar conjuntamente la rehabilitación de sus propiedades.

- Cooperativas de Gestión de Elementos Comunes: Estas cooperativas, generalmente en complejos residenciales, agrupan a propietarios de viviendas y terrenos con el objetivo de gestionar elementos comunes y proporcionar servicios de interés a los miembros.

- Cooperativas de Usuarios y Arrendatarios: En lugar de propietarios, estas cooperativas agrupan a usuarios o arrendatarios de viviendas, a menudo en contextos de vivienda social, para administrar conjuntamente la edificación y proporcionar servicios a los cooperativistas.

- Cooperativas de Alojamiento Específico: Formadas por grupos que requieren alojamiento adaptado, estas cooperativas pueden encargarse de la construcción, adquisición, remodelación o mantenimiento de viviendas para jóvenes, ancianos u otros colectivos, brindando espacios comunes adecuados.

- Cooperativas de Crédito para Construcción: Aunque no común en España, son cooperativas de crédito orientadas a financiar la construcción o rehabilitación de viviendas para sus miembros.

A lo largo del tiempo, la función de las cooperativas de viviendas ha evolucionado, ampliando su objeto social para incluir aspectos como la administración de elementos comunes, servicios y la adaptación a necesidades específicas de los miembros. Esta evolución también se refleja en la legislación estatal y autonómica en España, que ha dado lugar a nuevos tipos de cooperativas relacionadas con la vivienda.

Las cooperativas de viviendas pueden tener diferentes fines sociales, como fomentar la participación ciudadana, la integración social, la sostenibilidad ambiental, la innovación arquitectónica o la economía solidaria.

A nivel europeo, existen diversas opciones para los socios cooperativos en cuanto al acceso a la vivienda deseada, más allá de la propiedad directa. Aunque la propiedad es la opción más común, en países como Suiza existe un régimen de alquiler o derecho de ocupación ilimitado y transferible. En Alemania, las cooperativas suelen operar en propiedad individual o colectiva con derecho de alquiler para los socios. En Francia, hay propiedades individuales y colectivas con cooperativas encargadas de la gestión. En Italia, hay varias modalidades de propiedad individual y compartida, con algunos enfoques cercanos al alquiler. Portugal presenta cooperativas con ambas formas de propiedad, individual y colectiva, con diferentes derechos de uso.

En cuanto a las modalidades de cesión del uso, se distinguen dos enfoques principales: la atribución de un derecho de habitación mediante documentos legales o contratos de arrendamiento de vivienda.

En el Reino Unido, las cooperativas de vivienda se centran en la financiación y existen asociaciones de vivienda que buscan resolver los problemas de alojamiento. En Bélgica, las cooperativas suelen promover y gestionar viviendas en alquiler, mientras que, en Austria y Dinamarca, se combinan tanto viviendas en alquiler como en propiedad. En Grecia y Luxemburgo, las cooperativas de vivienda tienen poca relevancia. En Holanda, las asociaciones de vivienda social son responsables de la vivienda social en alquiler. En Irlanda, algunas cooperativas participan en la construcción de viviendas sociales en alquiler y propiedad, mientras que otras cooperativas de viviendas tienen un enfoque lucrativo. En Suecia, las cooperativas de viviendas varían en su enfoque, y algunas se dedican a facilitar el acceso a la propiedad.

VENTAJAS QUE OFRECEN LAS COOPERATIVAS DE VIVIENDAS

A lo largo de la historia, las cooperativas de viviendas se han destacado como una valiosa alternativa para adquirir viviendas de alta calidad a precios asequibles. En la actualidad, dada la dificultad que enfrentan los promotores para obtener financiamiento, el enfoque en las viviendas cooperativas se ha convertido en la opción más viable para llevar a cabo proyectos de construcción.

Este enfoque cooperativo ofrece ventajas significativas a sus miembros, ya que se elimina el margen de beneficio que generalmente obtendría un promotor. Los futuros residentes se involucran de manera activa en la supervisión de la construcción, lo que garantiza tanto la seguridad como la calidad de las viviendas. La toma de decisiones se basa en principios democráticos, lo que promueve la transparencia en todas las etapas del proceso.

Además, las cooperativas tienen la capacidad de abordar de manera conjunta nuevas necesidades económicas, sociales o culturales a lo largo del tiempo. Al ser propietarios de las viviendas, las cooperativas pueden mantener los precios estables gracias a las restricciones legales en las transferencias de propiedad.

Es por estas razones que las cooperativas, especialmente las que se dedican a la vivienda, merecen una atención y protección especiales. La Constitución Española respalda el derecho de todos los ciudadanos a una vivienda adecuada y digna, instando a las autoridades a establecer regulaciones y condiciones adecuadas para garantizar este derecho. Además, las cooperativas reciben incentivos fiscales, y la Ley de Cooperativas en la Comunidad Valenciana promueve su colaboración en proyectos públicos.

El fomento de las cooperativas en el marco de la economía social es esencial y está respaldado por la ley, que declara su promoción como una tarea de interés general. La firma de convenios como el mencionado refleja el compromiso continuo de garantizar el acceso universal a viviendas dignas para todos los ciudadanos. Las cooperativas presentan una solución viable, aunque con oportunidades de mejora que merecen un mayor reconocimiento y respaldo.

Ser parte de una cooperativa de viviendas implica un ahorro financiero sustancial, ya que los miembros participan activamente en cada fase del proyecto. Esto les permite influir en el proceso de toma de decisiones y garantizar que las viviendas cumplan con los estándares deseados. Además, la administración puede ser realizada de manera interna o externa, asumiendo la responsabilidad tanto de la promoción como de la construcción, así como el período de responsabilidad establecido.

La legislación abarca diversas modalidades de cooperativas de vivienda para satisfacer necesidades específicas, incluidas aquellas dirigidas a grupos como jóvenes o personas mayores. La flexibilidad es inherente al sistema, permitiendo a los socios influir en el proyecto y acordar mejoras que mejoren la calidad de sus viviendas. Es importante destacar que estas mejoras no pueden afectar aspectos fundamentales del "proyecto de construcción" en ningún caso.

Un aspecto importante a considerar es que las cooperativas ofrecen la posibilidad de acceder a viviendas más grandes y adaptadas a las necesidades de cada miembro, lo que las convierte en una opción atractiva para familias en crecimiento.

Además de los beneficios económicos y financieros, las cooperativas también fomentan la comunidad y la solidaridad entre sus miembros. La participación activa en asambleas generales o "juntas especiales" no solo permite a los socios influir en la construcción de viviendas de calidad, sino también en el entorno en el que se encuentran, considerando aspectos medioambientales y urbanos.

ACTIVIDAD DE LAS COOPERATIVAS DE VIVIENDAS

De acuerdo con la legislación española, la actividad principal de una cooperativa de viviendas puede consistir en proporcionar alojamiento (viviendas) o espacios, así como edificaciones e instalaciones complementarias para sus socios. También puede involucrar tareas como la conservación, administración o rehabilitación de viviendas, espacios y estructuras adicionales pertenecientes a sus socios. Finalmente, se permite que la actividad principal de una cooperativa de viviendas abarque la prestación de servicios compartidos para las viviendas, espacios, edificios o instalaciones de los socios.

Puede parecer paradójico que se llame "cooperativa de viviendas" a una entidad que no tiene la intención de brindar ningún servicio relacionado con la vivienda a sus socios, como podría ser el caso de una cooperativa establecida para construir, mantener o rehabilitar locales comerciales. Debido a esto, algunas regulaciones no reconocen como objetivo social de estas cooperativas la provisión de espacios a los socios, o incluso han optado por crear un tipo específico de cooperativa para tales situaciones.

Además de esta actividad principal, y precisamente para permitir que la cooperativa la lleve a cabo, el legislador reconoce que la cooperativa puede emprender cualquier otra actividad que sea necesaria. De hecho, el legislador expresa claramente que la cooperativa puede adquirir, subdividir y urbanizar terrenos, y en general, realizar todas las acciones y labores requeridas para cumplir con su objetivo social.

El Reglamento de 1971 ya indicaba que la cooperativa podía realizar trabajos, obras y servicios necesarios para cumplir su objetivo social, incluso con la contribución del trabajo personal de sus socios. Posteriormente, el Reglamento de 1978 añadió a estas actividades instrumentales la posibilidad de que la cooperativa adquiera, subdivida y urbanice terrenos. Finalmente, la Ley de 1987 establece la norma en la forma actual, eliminando toda mención de la utilización directa y personal del trabajo de los socios para lograr el objetivo social.

Esta norma ha sido adoptada en todas las leyes cooperativas autonómicas subsiguientes. Estas actividades no necesitan estar detalladas en los estatutos. Sin embargo, incluso si estuvieran mencionadas en los estatutos, no se puede concluir que la cooperativa de viviendas tiene como objetivo principal la subdivisión o urbanización de terrenos, ya que estas actividades son complementarias y no determinantes de la naturaleza de la cooperativa.

MODALIDADES DE COOPERATIVAS DE VIVIENDAS, SEGÚN LEGISLACIÓN

Cooperativas que buscan vivienda para sus miembros bajo el régimen de propiedad individual

En el ámbito de las cooperativas de viviendas en España, se aborda el tema de proporcionar vivienda a sus miembros bajo la propiedad individual. La Constitución garantiza el derecho a una vivienda digna para todos los ciudadanos, lo que obliga a las autoridades a crear las condiciones y normativas necesarias para hacer efectivo este derecho.

Estas cooperativas se enfocan en proveer alojamiento a personas físicas, incluyendo a los propios miembros, sus familiares, personas que conviven con ellos y aquellos dependientes de entidades públicas, cooperativas u organizaciones sin fines de lucro. Se establece la necesidad de residir cerca de un proyecto cooperativo debido a cuestiones laborales o funcionales, permitiendo que ciertas entidades jurídicas sean miembros de estas cooperativas, aunque en algunos lugares se exige que la mayoría sean personas físicas.

Las viviendas proporcionadas por estas cooperativas deben cumplir con altos estándares de calidad y precio, satisfaciendo las expectativas de los miembros y las directrices legales. En términos de uso, las viviendas pueden destinarse a residencia habitual, descanso o vacaciones, pero no para inversión o especulación.

Las leyes autonómicas presentan variaciones en cuanto al destino de las viviendas, algunas requieren que sean para residencia habitual, mientras que otras permiten destinos específicos como residencias para personas mayores, discapacitadas o dependientes, o para facilitar el acceso a la vivienda a grupos específicos con dificultades.

Se busca evitar el uso inmobiliario de las cooperativas limitando la cantidad de viviendas que un miembro puede poseer en régimen cooperativo, aunque algunas excepciones se aplican a familias numerosas y viviendas protegidas bajo normativas específicas.

Cooperativas que procuran locales para sus socios en régimen de propiedad individual

En ciertos casos, en el ámbito de las cooperativas de viviendas en España, se presenta una situación en la que estas cooperativas no tienen como objetivo principal proporcionar viviendas a sus socios, sino más bien locales y otros elementos y servicios complementarios. En esta situación, se permite explícitamente que, además de personas físicas, puedan unirse como socios a estas cooperativas entidades públicas, organizaciones sin ánimo de lucro y en ocasiones, incluso otras cooperativas que necesiten locales para sus actividades, como oficinas, sedes sociales, comercios, salones de actos, entre otros.

A pesar de que esta posibilidad está presente en la mayoría de las legislaciones actuales y se considera legal y justificada, surge confusión debido a la denominación tradicional de estas cooperativas como "de viviendas". Algunos expertos en España sugieren que se podría transformar la clasificación de estas cooperativas hacia un término más amplio, como "cooperativa de viviendas y construcción", para abarcar todas las actividades que realizan.

En España, en los últimos años, ha surgido una tendencia clara que distingue entre las cooperativas de viviendas y las cooperativas de locales comerciales. Las leyes promulgadas a partir de 2006 generalmente excluyen la posibilidad de que las cooperativas de viviendas proporcionen locales a sus miembros en su definición. En cambio, se están creando tipos específicos de cooperativas para manejar temas de locales, como las "sociedades cooperativas de locales comerciales" en Andalucía o las "cooperativas de despachos o locales" en Valencia.

Cooperativas que procuran el uso y disfrute de viviendas o locales para sus socios

Como se ha mencionado previamente, el propósito fundamental de las cooperativas de vivienda es facilitar residencias y/o espacios comerciales, así como otras estructuras adicionales, para sus miembros. Esta provisión puede ser tanto en términos de propiedad, como ya se discutió y es lo más común, o simplemente otorgando los derechos de uso y disfrute de la vivienda o local.

La legislación establece que estas propiedades pueden ser transferidas a los miembros a través de títulos legales reconocidos, regulados por los estatutos de la cooperativa. Los términos de uso pueden variar, definiendo su habitualidad, permanencia o uso esporádico, incluso permitiendo la cesión de derechos entre miembros de distintas cooperativas.

Según la ley estatal, la cooperativa mantiene la propiedad de las propiedades, pero concede el derecho de uso a sus miembros. Aunque la mayoría de las veces la cooperativa posee las propiedades, también es posible que estas sean propiedad de entidades públicas, bancos o particulares y cedidas a la cooperativa para su administración.

En el proceso de construcción, los miembros pueden contribuir de diferentes formas, como aumentar el capital de la cooperativa o financiar a través de la "masa de gestión cooperativa". Una vez construidas, las propiedades pueden transferirse en propiedad a los miembros o mantenerse bajo copropiedad cooperativa. No obstante, esta última opción tiene limitaciones legales, ya que los copropietarios pueden pedir la división de la propiedad común.

En casos donde los miembros aportan fondos para la construcción, la cooperativa se convierte en la única propietaria. Los miembros conservan sus aportaciones y el derecho de uso, pero no pueden transferir sus contribuciones sin el uso correspondiente. La transferencia y reembolso de aportaciones están regidos por leyes cooperativas y acuerdos de la asamblea general.

La cesión de derechos de uso a los miembros puede realizarse a través de varias figuras legales, como arrendamiento, usufructo, uso y habitación, conforme al Código Civil. Sin embargo, los estatutos pueden permitir otras formas. En ausencia de regulación, se aplican las leyes civiles. Si el usuario no es miembro, la legislación civil correspondiente se aplica, como la Ley de Arrendamientos Urbanos en caso de arrendamiento y los artículos del Código Civil para usufructo, uso y habitación.

Cooperativas que procuran edificaciones e instalaciones complementarias para el uso de las viviendas o locales de los socios

Es una práctica común que, al construir viviendas o locales, también se erijan edificaciones e instalaciones adicionales como trasteros, almacenes o estacionamientos para el beneficio de los residentes. Por lo tanto, las cooperativas de viviendas tienden a proporcionar a sus miembros no solo viviendas y locales, sino también estas instalaciones suplementarias.

Sin embargo, el enfoque establecido por la ley limita la formación de cooperativas de viviendas con el propósito de construir edificaciones o instalaciones adicionales, ya que exige que estas sean destinadas al uso de las viviendas o locales de los miembros. Esto implica que no cualquier individuo puede convertirse en miembro de tales cooperativas, sino que deben ser personas que ya cuenten con viviendas o locales que se beneficiarán de estas nuevas instalaciones. Por lo tanto, en estos casos, es probable que los interesados vivan en proximidad, e incluso en el mismo edificio, lo que dificulta cumplir con la condición de que los miembros sean personas naturales, entidades gubernamentales o sin fines de lucro.

Algunas leyes de origen autonómico, por ejemplo, la Ley aragonesa de 1998 introduce una modalidad específica de cooperativa destinada a construir espacios de estacionamiento para vehículos. Esta ley solo establece que, para este propósito, los solicitantes podrán pedir la concesión de terrenos públicos o subsuelo por el período y bajo las condiciones que acuerden, por lo que se pueden interpretar que cualquier individuo que necesite un espacio de estacionamiento podría unirse a esta cooperativa, sin depender de si son usuarios de viviendas o locales en las cercanías.

Cooperativas que se ocupan de la rehabilitación de las viviendas y locales de sus socios, o de las edificaciones e instalaciones complementarias

La renovación y mejora de viviendas, locales o edificaciones es una actividad que surge como respuesta a las necesidades de quienes ostentan derechos sobre estas construcciones. En consecuencia, esta necesidad podría ser atendida por los propios interesados a través de la creación de una cooperativa de viviendas.

Este escenario está claramente contemplado en la Ley 8/2013 del 26 de junio, relacionada con la regeneración, rehabilitación y renovación urbanas. Dicha ley abarca una serie de acciones que deben ser llevadas a cabo por los poseedores de derechos de uso sobre edificios, comunidades de propietarios y sus agrupaciones, además de las cooperativas de viviendas. Estas acciones pueden consistir en la rehabilitación de edificaciones o en la regeneración y renovación urbanas, y son requeridas obligatoriamente en situaciones específicas definidas en la ley.

41

Un desafío planteado por esta actividad económica es que los interesados, que son los dueños de las viviendas, locales o edificaciones, rara vez se limitarán exclusivamente a individuos, entidades gubernamentales o entidades sin fines de lucro. Una vez más, podemos notar aquí la sensatez de las legislaciones que en tales casos permiten que los miembros de estas cooperativas sean de diversa índole.

Otro obstáculo que puede surgir en este tipo de actividad es que no todos los propietarios desean emprender la rehabilitación ni asumir sus gastos. Para sortear estas dificultades, la Ley previamente mencionada ha modificado la Ley de Propiedad Horizontal, estableciendo la obligatoriedad de llevar a cabo la intervención cuando sea impuesta por las autoridades o cuando sea solicitada por propietarios en circunstancias particulares. En casos no obligatorios, será suficiente el acuerdo de un tercio de los miembros de la Asamblea, siempre y cuando representen también un tercio de las cuotas de participación. Con el propósito de facilitar la adopción de estas decisiones, se considerarán votos favorables aquellos de los propietarios ausentes que no manifiesten su oposición en un breve periodo de tiempo.

Cooperativas que se ocupan de conservar o administrar las viviendas o locales de sus socios, o las edificaciones e instalaciones complementarias

La cooperativa de viviendas tiene la capacidad de facilitar viviendas y locales a sus miembros, así como de asumir funciones relacionadas con la conservación y administración de estos activos.

Las oportunidades para que la cooperativa aborde este tipo de objetivos son diversas. En un escenario, la cooperativa podría establecerse con el propósito primordial de llevar a cabo la conservación y administración de viviendas, locales o elementos compartidos de sus miembros. Aunque no es un enfoque común, es una opción viable y está incluso expresamente reconocida en la legislación.

Otra alternativa sería que la cooperativa se enfoque inicialmente en proporcionar viviendas y locales a sus miembros. Una vez lograda esta meta inicial, la cooperativa podría retener la propiedad de estos bienes y asumir la responsabilidad de su conservación y administración de manera continua, hasta una eventual transferencia individual de propiedad a los miembros. En ciertos casos, esta transferencia podría estar condicionada a la completa amortización de los préstamos hipotecarios que financiaron la construcción o adquisición.

En situaciones frecuentes, algunas cooperativas, después de proveer viviendas y locales a sus miembros, les transfieren la propiedad y posteriormente se disuelven y liquidan. Este es un enfoque ampliamente empleado, en el cual no existe espacio para que la cooperativa continúe con tareas de gestión.

Otro planteamiento posible sería si es viable administrar colectivamente las viviendas y locales una vez que hayan sido transferidos en propiedad a los miembros. Sin embargo, podría surgir la pregunta de si existe otro sistema de administración además del previsto en la legislación sobre propiedad horizontal, dada la naturaleza imperativa de sus regulaciones.

En principio, este escenario podría parecer inviable conforme a las normas de propiedad horizontal, y en ocasiones, la doctrina y la jurisprudencia se han expresado en este sentido. No obstante, esto no excluye que puedan existir ciertos márgenes de acción a favor de las cooperativas de viviendas como administradoras de los bienes comunes.

En ciertas ocasiones, la cooperativa, después de proveer viviendas y locales a sus miembros y transferirles la propiedad, decide continuar operando y encargarse de la conservación y administración de elementos compartidos que no están vinculados a la propiedad horizontal. Sin embargo, esta posibilidad no es viable en todos los casos, ya que a veces la legislación exige la disolución de la sociedad o impone medidas alternativas que impiden su continuidad, como se explorará posteriormente.

En conclusión, la cooperativa de viviendas puede ocuparse de la administración y conservación de elementos comunes que no son esenciales para el uso y disfrute de viviendas o locales. Este escenario es común en áreas residenciales y construcciones que cuentan con instalaciones compartidas, como jardines, piscinas, áreas sociales y comerciales. Sin embargo, es más debatible si la cooperativa puede administrar los elementos compartidos que están incluidos en la propiedad horizontal y son esenciales para el uso adecuado de las viviendas y locales. Aunque algunos enfoques doctrinales no ven problemas en que la cooperativa actúe como administradora de fincas en este contexto, la figura de la cooperativa de trabajo asociado o de servicios profesionales podría ser más adecuada para llevar a cabo este tipo de actividades.

Cooperativas que prestan servicios comunes a los socios en relación con sus viviendas, locales, edificaciones e instalaciones complementarias

Las cooperativas que prestan servicios comunes a los socios en relación con sus viviendas, locales, edificaciones e instalaciones complementarias son una forma especializada de cooperativas que se centran en mejorar la calidad de vida y las condiciones de uso de sus miembros en un entorno residencial o comercial específico. Estas cooperativas pueden operar de varias maneras, ya sea de manera conjunta con otras cooperativas o de manera exclusiva, dependiendo de las necesidades y preferencias de los miembros y las regulaciones locales.

Estos tipos de cooperativas se destacan por su capacidad para ofrecer una amplia gama de servicios de valor que benefician directamente a sus miembros. Algunos de los servicios comunes que pueden proporcionar incluyen:

Limpieza y Mantenimiento: Esto abarca desde la

limpieza regular de áreas comunes hasta el mantenimiento preventivo y correctivo de las instalaciones y equipos compartidos.

- Vigilancia: Ofrecer servicios de seguridad y vigilancia para garantizar la protección de los miembros y sus propiedades.
- Jardinería: Mantener y embellecer áreas verdes, jardines y espacios exteriores dentro de la comunidad.
- Gestión de Desechos: Recolección y disposición adecuada de desechos sólidos y reciclaje para mantener un entorno limpio y saludable.
- Guarderías: Proporcionar servicios de cuidado infantil para familias con niños pequeños que residen en la comunidad.
- Servicios Médicos Básicos: Ofrecer atención médica básica o servicios de enfermería para atender las necesidades de salud de los miembros.
- Transporte: Organizar servicios de transporte compartido para facilitar el acceso de los miembros a lugares clave como supermercados, hospitales o lugares de trabajo.

Sin embargo, es importante destacar que, debido a que estos servicios se consideran complementarios para mejorar la calidad de vida en un contexto residencial o comercial específico, existen restricciones en la membresía. Por lo general, solo los titulares de viviendas o locales dentro de la cooperativa pueden ser considerados como miembros elegibles para aprovechar estos servicios. Esto se hace para garantizar que los servicios se presten de manera justa y equitativa a quienes forman parte de la comunidad.

Si se desea ofrecer estos servicios a personas que no son propietarias o usuarios de viviendas o locales en la cooperativa, sería necesario establecer una cooperativa de usuarios específica. Esto permitiría brindar servicios a un público más amplio sin violar las restricciones de membresía de la cooperativa principal. En resumen, estas cooperativas de servicios comunes desempeñan un papel importante en la mejora de la calidad de vida de sus miembros y en la gestión eficiente de sus entornos residenciales o comerciales.

Otras formas cooperativas para atender necesidades cercanas a la vivienda, locales y otras prestaciones complementarias

En la regulación de las cooperativas de viviendas, la legislación cooperativa ha establecido modelos específicos que abordan aspectos no exclusivamente relacionados con viviendas, pero que resultan complementarios o afines. Por ejemplo, en la legislación de Aragón se contemplan las cooperativas para la construcción de plazas de aparcamiento, en Andalucía se abordan las sociedades cooperativas de locales comerciales, y en la Comunitat Valenciana se regulan las cooperativas de despachos o locales.

Sin embargo, es fundamental tener presente que la figura de la cooperativa, como forma jurídica, debe tener la flexibilidad de atender cualquier necesidad expresada por sus miembros. En este sentido, la Ley valenciana establece que una cooperativa puede establecerse bajo sus disposiciones para llevar a cabo cualquier actividad lícita. Si una cooperativa no encaja directamente en ninguna de las categorías específicamente reguladas, se guiará, en la medida necesaria, por las normativas de la categoría más similar.

Cuando los modelos previamente analizados no sean adecuados para las necesidades de los miembros en términos de alojamiento, locales, instalaciones o servicios complementarios, es importante considerar otros modelos de cooperativas. Por ejemplo, en el contexto de la legislación valenciana, podrían ser pertinentes las cooperativas de consumidores y usuarios, que suministran bienes y servicios a los miembros; las cooperativas de servicios empresariales y profesionales, que ofrecen una variedad de servicios a los miembros para facilitar sus actividades empresariales o profesionales; las cooperativas de integración social, que proveen bienes y servicios de consumo general o específico a miembros mayoritariamente compuestos por personas con discapacidad u otros colectivos con dificultades de integración social; y las cooperativas polivalentes, que abarcan actividades diversas y pueden incluir tanto las propias de las cooperativas de viviendas como de otras cooperativas.

IMPORTANCIA DE LAS COOPERATIVAS DE VIVIENDA EN EL CONTEXTO INMOBILIARIO ESPAÑOL

A lo largo de los años, las cooperativas de viviendas han desempeñado un papel crucial en el sector inmobiliario español, y su importancia se ha mantenido arraigada en el tejido económico y social. A diferencia de las empresas capitalistas convencionales, cuya razón de ser radica en la satisfacción de los inversores, las sociedades cooperativas se distinguen por priorizar los intereses de sus miembros participantes. Estos intereses van más allá de la mera aportación de capital, ya que los socios también son actores activos en el proceso de producción de bienes y servicios.

Las esferas en las que las cooperativas ejercen su influencia son sumamente variadas, abarcando una diversidad equiparable a la propia complejidad de la vida empresarial, económica y social. Desde diferentes campos hasta los más inusuales, estas organizaciones cooperativas se han insertado en diversos sectores, contribuyendo a la generación de utilidades y beneficios para sus miembros. Sin embargo, a veces se subestima la trascendencia que tienen.

Proyectos de cooperativas de vivienda, en cesión de uso, se pueden encontrar en la mayoría de las comunidades autónomas de España, con una distribución territorial variada. En el año 2021, de las 90 cooperativas identificadas, 39 están ubicadas en Cataluña, seguidas de cerca por la Comunidad de Madrid con 12 proyectos. Navarra con 6 grupos, mientras que Valencia, Andalucía, Canarias y Euskadi tienen 5 cada una. El resto se distribuye en menor número en otras comunidades autónomas. En términos de cantidad, la provincia de Barcelona alberga un tercio del total, con 30 proyectos, 13 de los cuales se encuentran en la ciudad de Barcelona, donde se ha observado un mayor crecimiento.

Estas cooperativas se dividen en dos categorías principales: proyectos senior, formados principalmente por personas mayores que buscan un envejecimiento activo y proyectos que consideran los cuidados necesarios; y proyectos intergeneracionales, que están integrados por personas de diferentes edades, en su mayoría jóvenes, que buscan soluciones de vivienda alternativas al mercado de compra y alquiler.

Las cooperativas de vivienda senior fueron los precursores de este modelo en España, con las primeras experiencias que surgieron en Andalucía a mediados de los años 90 y principios de los 2000. Sin embargo, la mayoría de los proyectos en curso en la actualidad son intergeneracionales, y la tendencia al crecimiento más rápido de estos últimos se ha observado en los últimos cinco años.

El movimiento de cooperativas de vivienda en cesión de uso en España se ha inspirado en la búsqueda de alternativas para evitar residir en hogares de cuidado para personas mayores y en la construcción de soluciones habitacionales fuera de los mercados de compra y alquiler. Además, en muchas de estas iniciativas se ha promovido la participación ciudadana y el cuestionamiento de las políticas de vivienda neoliberal.

En términos geográficos, la mayoría de estas iniciativas se concentran en las áreas urbanas principales de España, siendo Cataluña la región más destacada en términos de cantidad de proyectos, especialmente de carácter intergeneracional.

Es importante señalar que estos proyectos no se limitan únicamente a la vivienda; también se han desarrollado iniciativas que combinan la vivienda con actividades como la producción agroecológica de alimentos, talleres artesanales o espacios de coworking. La variedad de edificaciones utilizadas depende de los intereses y la capacidad económica de los grupos promotores, así como de sus valores y enfoques políticos.

En cuanto al avance y consolidación de los proyectos, se han identificado diferentes fases, que incluyen desde la formación del grupo hasta la etapa de construcción y ocupación de las viviendas. La mayoría de las cooperativas se han formado después de 2011, con un crecimiento significativo entre 2016 y 2020. Algunos grupos ya habitan las viviendas, mientras que otros se encuentran en diferentes etapas de desarrollo.

Sin embargo, el acceso a la tierra y el financiamiento siguen siendo desafíos importantes para la evolución de estos proyectos. El acceso a la tierra, especialmente en áreas urbanas y metropolitanas, es una barrera significativa, ya que las cooperativas no tienen acceso a créditos bancarios tradicionales. Además, el costo de la construcción es un factor determinante, y la cooperación con entidades de banca ética y solidaria ha sido una fuente de financiamiento importante para algunos proyectos.

Más allá de las limitaciones de las estadísticas empresariales, es esencial reconocer que el impacto económico de las cooperativas no se reduce únicamente a sus cifras de negocios. Las dimensiones tradicionales de capital, como el natural, el físico y el humano, no son los únicos determinantes del crecimiento económico. La forma en que los agentes económicos se conectan y organizan también juega un papel fundamental en el fomento del crecimiento y el desarrollo sostenible.

Las organizaciones justifican su existencia en la medida en que atienden a los intereses fundamentales de sus principales participantes. No obstante, en el ámbito de las empresas capitalistas convencionales, estos intereses se alinean con los de los inversores. Por otro lado, en el caso de las sociedades cooperativas, los intereses de quienes contribuyen exclusivamente con capital quedan subordinados a los intereses de los socios que desempeñan un papel activo en el proceso de producción de bienes y servicios. La relevancia y trascendencia de las cooperativas de vivienda en el sector inmobiliario español ha sido subrayada a lo largo del tiempo.

Las sociedades cooperativas ejercen su influencia en una amplia gama de sectores, que abarcan desde la actividad empresarial hasta el ámbito económico y social en general. Su diversidad de campos de acción se equipara a la complejidad intrínseca de la vida empresarial y la sociedad en su conjunto. Además, la forma en que estas cooperativas generan utilidades y beneficios para sus socios puede variar considerablemente, y su impacto se manifiesta de maneras diversas.

En el ámbito específico de las cooperativas de vivienda, las gestoras están resaltando su papel fundamental en la reactivación del sector inmobiliario. Estas entidades están demostrando su capacidad para impulsar la construcción de viviendas de calidad y accesibles, incluso en tiempos desafiantes como los de la crisis económica. La creación de la Asociación de Gestoras de Viviendas (AGV) es un paso importante para organizarse como sector y representar sus intereses ante la Administración y la opinión pública.

La AGV (Asociación de Gestoras de Viviendas), conformada por 13 gestoras que representan más 90,000 viviendas entregadas, está generando un impacto significativo en el mercado. Su influencia se extiende a la gestión de más de 61 promociones residenciales, con una inversión superior a 1,122 millones de euros y la generación de empleo directo e indirecto. Esta asociación se presenta como un interlocutor válido en debates legislativos y urbanísticos, con el objetivo de contribuir a la eficiencia del sector inmobiliario.

No obstante, el panorama no está exento de desafíos. Algunas cooperativas se enfrentan a dificultades en la tramitación urbanística de proyectos emblemáticos. En este sentido, la AGV resalta la importancia de la seguridad jurídica para el desarrollo de su actividad y hace un llamado al Ayuntamiento de Madrid para garantizarla. La asociación promueve la gestión profesional y cuidadosa de proyectos, abogando por evitar riesgos y operaciones inciertas.

Las cooperativas de vivienda y sus gestoras están desempeñando un papel vital en el sector inmobiliario español. Su capacidad para generar impacto económico y social, su contribución a la reactivación del mercado y su compromiso con la seguridad jurídica son elementos que resaltan su importancia y su influencia en la construcción de un futuro habitacional sostenible y próspero.

Impacto socio económico y cultural

Las cooperativas de viviendas desempeñan un papel crucial en el fomento del desarrollo económico local, con un impacto social significativo que se traduce en el acceso a viviendas más asequibles, condiciones económicas y financieras favorables que no serían posibles en un proceso individual de acceso al mercado de la vivienda, y una mayor facilidad para recibir ayudas económicas estatales y autonómicas para la adquisición de viviendas. Además de esto, las cooperativas ofrecen viviendas de mejor calidad y más espacio, con la posibilidad de adaptarlas según las necesidades de los socios, mejorando así su entorno común y permitiendo la participación activa en la mejora del entorno urbano.

En el año 2014, había un total de 626 cooperativas de viviendas con 84,900 socios, generando 2,981 empleos directos y alcanzando ventas por un valor de 688,000,112 euros. Estos números reflejan el impacto positivo de las cooperativas en la economía local y la sociedad en general.

Las cooperativas de viviendas, al igual que otras cooperativas, contribuyen de manera destacada al desarrollo económico sostenible a nivel local. Su estructura de propiedad y gestión colectiva, junto con la distribución equitativa de beneficios y su compromiso social, las convierte en una alternativa empresarial exitosa para promover el desarrollo económico sostenible.

Además de su impacto económico, las cooperativas fomentan el espíritu emprendedor y la participación activa de los ciudadanos en la gestión empresarial local. Esto impulsa la toma de decisiones empresariales participativas y estimula la diversificación económica y el emprendimiento en las comunidades, involucrando a las personas en el desarrollo socioeconómico de su localidad y promoviendo ciudadanos comprometidos.

Una de las ventajas más notables del modelo cooperativo es su capacidad para generar empleo de calidad y bienestar económico en las comunidades locales. Estos empleos se caracterizan por su estabilidad y salarios justos, lo que contribuye a reducir el desempleo y la inestabilidad laboral en la región.

En un contexto en el que el Estado de Bienestar se debilita, las cooperativas de viviendas y otras empresas sociales se vuelven esenciales para abordar necesidades sociales desatendidas. Estas empresas se enfocan en satisfacer las necesidades de la sociedad y mejorar las condiciones de vida, generando excedentes que se reinvierten en el proyecto y adoptando estructuras democráticas que promueven la cooperación y los valores sociales y éticos en sus prácticas empresariales.

Este enfoque en la búsqueda de soluciones para los desafíos sociales se alinea con la innovación social, un concepto ampliamente reconocido en la actualidad. La innovación social implica encontrar nuevas formas de satisfacer necesidades sociales insatisfechas y producir cambios en el comportamiento necesario para abordar los grandes desafíos de la sociedad.

PROCESO DE CREACIÓN Y DESARROLLO

Desde una perspectiva legal, la constitución formal de una cooperativa es una decisión que recae exclusivamente en un grupo de personas, que requiere un mínimo de tres individuos que cumplan con los requisitos legales y estatutarios para convertirse en socios. Estas personas deben tomar la decisión en una asamblea de constitución (Asamblea Constituyente) o pueden otorgar directamente ante un notario la escritura pública de constitución, que es la opción más común.

En la práctica, la iniciativa de crear una cooperativa de viviendas generalmente es impulsada por otra entidad, y los casos más frecuentes son los siguientes:

Cooperativas creadas por colectivos: Estas cooperativas de viviendas suelen formarse en empresas, sindicatos, colegios profesionales, asociaciones vecinales, etc. Una vez que se toma la decisión, se designa un grupo reducido de promotores que gestionará la creación de la sociedad cooperativa. En el momento de la constitución formal, se elige el consejo rector y los interventores que deben figurar en la escritura pública de constitución. Por lo general, estas cooperativas contratan una gestora para encargarse de los asuntos relacionados con la promoción.

Cooperativas creadas por gestoras: En este caso, empresas dedicadas a la gestión inmobiliaria, a menudo constituidas como S.L. o S.A., inician la formación de cooperativas con el propósito de desarrollar proyectos de viviendas. Las personas interesadas en adquirir una vivienda se incorporan como socios a estas cooperativas. Este modelo, ampliamente utilizado en la actualidad, puede entrar en conflicto con los principios fundamentales del cooperativismo si la gestora asume un protagonismo excesivo y restringe la participación de la cooperativa. Por lo tanto, es crucial que los socios conozcan y ejerzan sus derechos de información y participación según lo establecido en la legislación cooperativa.

Es crucial tener en cuenta el prestigio, la solvencia y la profesionalidad de la sociedad gestora al contratar sus servicios, ya que son garantía de éxito para cualquier proyecto de promoción. Además, es esencial que los servicios que la cooperativa recibirá y las tarifas que pagará a la gestora se establezcan por escrito en un contrato. Cabe destacar que la responsabilidad civil atribuible a la cooperativa como promotora legal puede extenderse a la gestora si esta última desempeña un papel decisivo en la promoción, según lo establecido en el artículo 17.4 de la LOE. Por lo tanto, la gestora debe asegurarse de que su actuación no pueda considerarse como la de una promotora encubierta, ya que podría ser responsable de las obligaciones de la cooperativa con sus socios, según lo determinado por la jurisprudencia en algunos casos.

La creación de una cooperativa de viviendas es un proceso complejo y multidisciplinario que abarca varias etapas cruciales para llevar a cabo con éxito la construcción y adquisición de viviendas por parte de un grupo de personas con intereses comunes. A continuación, se detallan de manera más extensa los aspectos clave en la creación de una cooperativa de viviendas, desde la identificación de necesidades y objetivos hasta la financiación y las aportaciones de los miembros.

Identificación de necesidades y objetivos: La primera fase en la creación de una cooperativa de viviendas implica la identificación de las necesidades y objetivos de los futuros habitantes. Esto va más allá de simplemente querer una vivienda: implica definir las características específicas que se buscan en términos de tamaño, ubicación, comodidades y estilo de vida. Es crucial realizar un análisis detallado para comprender las demandas del grupo y adaptar el proyecto en consecuencia.

Para llevar a cabo esta etapa, es común realizar encuestas a los posibles miembros de la cooperativa, investigar las tendencias del mercado inmobiliario y analizar factores demográficos y económicos que puedan influir en la toma de decisiones.

Selección de terrenos y diseño de viviendas: Una vez que se han identificado las necesidades y objetivos, el siguiente paso es la selección de los terrenos adecuados para el proyecto de vivienda cooperativa. Esto implica evaluar varios factores, como la ubicación, accesibilidad, servicios públicos disponibles y la viabilidad legal de la parcela.

El diseño de las viviendas es una parte crucial de esta fase. Se requiere la colaboración de arquitectos y expertos en diseño para crear planos que se adapten a las necesidades y deseos de los miembros de la cooperativa. Esto incluye determinar el número de unidades, su distribución, el diseño interior y exterior, así como la incorporación de características sostenibles y amigables con el medio ambiente si es parte de los objetivos del grupo.

Financiación y aportaciones de los miembros: La financiación es uno de los aspectos más críticos en la creación de una cooperativa de viviendas. Las cooperativas se financian mediante las aportaciones de sus miembros, que se dividen en tres categorías fundamentales:

a) Aportaciones al capital social: Estas aportaciones son reembolsables en caso de que un miembro de la cooperativa decida retirarse. Sin embargo, pueden estar sujetas a deducciones si la baja no está justificada de acuerdo con los estatutos de la cooperativa. Estas contribuciones suelen ser de pequeña cuantía.

b) Cuotas de ingreso y/o periódicas: Estas cuotas no forman parte del capital social y no son reembolsables. Su propósito es financiar los gastos generales relacionados con la operación de la cooperativa, como la constitución, mantenimiento y administración.

c) Aportaciones para financiar directamente la vivienda y sus anexos: Estas son las aportaciones más substanciales y se destinan específicamente a la adquisición de terrenos, costos de urbanización, honorarios técnicos y otros gastos relacionados con la construcción de las viviendas. La cantidad de estas aportaciones se determina a través de un plan de financiación aprobado por la asamblea general de la cooperativa y es conocida y aceptada contractualmente por los socios cooperativistas.

En caso de que un miembro decida retirarse de la cooperativa, la devolución de sus aportaciones para financiar la vivienda debe realizarse en el momento en que otro socio lo reemplace, de acuerdo con la legislación aplicable.

Es importante destacar que, a menudo, las aportaciones de los miembros no son suficientes para cubrir todos los gastos del proyecto. En consecuencia, las cooperativas suelen obtener financiamiento adicional de entidades bancarias a través de préstamos al promotor. Estos préstamos se dividen entre los miembros cuando se adjudican las viviendas, y los socios se subrogan en la parte del préstamo que les corresponde.

La legislación también establece la obligación de asegurar las cantidades anticipadas por los miembros mediante seguros o avales bancarios. Esto garantiza que, en caso de que la construcción no se inicie o no se complete de acuerdo con los términos acordados, las aportaciones sean reembolsadas a los miembros afectados.

Garantías legales y técnicas: Además de las garantías financieras, las cooperativas de viviendas deben cumplir con ciertas obligaciones legales y técnicas para proteger los intereses de sus miembros. Esto incluye la suscripción de seguros para garantizar la calidad de la construcción a lo largo de un período de tiempo especificado. En el caso de España, la Ley de Ordenación de la Edificación

(LOE) establece la obligación de suscribir un seguro decenal que cubre posibles defectos estructurales del edificio durante diez años después de la construcción.

Además, las cooperativas suelen contratar a terceras empresas como organismos de control técnico independiente para supervisar la ejecución de las obras y asegurarse de que se cumplan los estándares de calidad y seguridad.

Estas cautelas legales y técnicas, aunque pueden representar un aumento en los costos del proyecto y, por ende, en el precio de las viviendas, proporcionan una mayor garantía de que la cooperativa cumplirá adecuadamente sus obligaciones con sus miembros y que estos tendrán la posibilidad de obtener un reembolso en caso de incumplimiento.

FUNCIONAMIENTO Y ESTRUCTURA

Socios o beneficiarios de los servicios que presta la cooperativa de vivienda

- Las personas que busquen alojamiento o locales para ellos y sus familiares pueden convertirse en socios de cooperativas de vivienda. También podrán ser socios las entidades públicas y entidades sin ánimo de lucro que necesiten locales para sus actividades, así como alojamicnto para personas físicas que por su trabajo deban residir en las proximidades de una urbanización cooperativa. Esto se aplica tanto a las cooperativas de vivienda como a las cooperativas enfocadas a espacios y locales de oficinas.
- La cooperativa podrá asignar la propiedad o el uso de la vivienda o local, especificando en los estatutos de la cooperativa las reglas que deberán seguirse para su uso o disfrute por los socios.

69

- Las cooperativas de vivienda podrán vender o arrendar unidades de vivienda, locales comerciales e instalaciones y edificios complementarios de su propiedad a terceros que no sean socios, con la restricción de que dichas transacciones con terceros no podrán exceder del 25% de las realizadas con los socios (por cada desarrollo o fase).

- En caso de baja de un socio, la cooperativa podrá retener el monto total adeudado al socio saliente hasta que sea reemplazado por otro socio. La duración máxima del derecho de retención será la determinada en los estatutos de la cooperativa.

- El titular del derecho a que se le asigne una vivienda no puede transferir este derecho si existen otros socios expectantes, salvo a estos socios y respetando su antigüedad en la incorporación a la cooperativa.

- En materia de garantías de cantidades adelantadas por los socios en la adquisición de viviendas antes o durante la construcción, se estará a lo dispuesto en la Ley 57/1968, de 27 de julio. Esta ley exige "la devolución de las cantidades pagadas más el seis por ciento de intereses anuales, ya sea mediante un contrato de seguro con una aseguradora registrada y autorizada por la Dirección General de Seguros o mediante una garantía solidaria prestada por una entidad inscrita en el Registro de Bancos y Banqueros, o Caja de Ahorros, en el caso de que la construcción no se inicie o no se complete exitosamente por cualquier motivo dentro del plazo acordado."

- En cuanto a los derechos de los socios, entre todos los estipulados en la ley cooperativa, posiblemente el derecho más importante otorgado a los cooperadores es el derecho a la información. Este derecho permite a los socios solicitar a sus órganos de gobierno cualquier información relacionada con las operaciones de la cooperativa.

- En caso de falta de información injustificada, cualquier socio puede denunciarla ante la Inspección de Trabajo y Seguridad Social, órgano cuya intervención es siempre necesaria para iniciar procedimientos sancionadores por infracciones a la legislación cooperativa cometidas por la cooperativa o sus miembros de órganos rectores.

- Además, los socios tendrán los derechos que establezcan las normas legales y los propios estatutos de la cooperativa.

Estructura y Funciones de los Órganos de Gobierno en una Cooperativa de Viviendas

Las cooperativas de viviendas son entidades altamente reguladas cuyos mecanismos de gobernanza y toma de decisiones están rigurosamente definidos en la Ley de Cooperativas, específicamente en sus artículos 30 a 48. En este contexto, es fundamental profundizar en los elementos críticos que cualquier individuo debe comprender al involucrarse en un proyecto cooperativo de vivienda, ya que esto implica una inversión significativa de recursos y un compromiso a largo plazo. Estos proyectos suelen tener una duración relativamente corta, ya que su objetivo es proporcionar viviendas a sus miembros, lo que generalmente se logra en un período de tres años.

La normativa legal que rige la actividad de una cooperativa de viviendas varía según la comunidad autónoma en la que esté registrada. Por ejemplo, en la Comunidad Valenciana, la Ley de Cooperativas de esta región es el marco legal principal que rige estas entidades. Sin embargo, si una cooperativa opera en varias comunidades autónomas sin preferencia por ninguna de ellas, debe inscribirse en el Registro Nacional de Cooperativas, que está bajo la supervisión del Ministerio de Empleo y Seguridad Social.

En este contexto, los órganos e instrumentos principales de gobierno en una cooperativa de viviendas son la Asamblea de Socios, el Consejo Rector y los Estatutos Sociales.

Asamblea de Socios:

La Asamblea General es el corazón de la cooperativa, donde los socios se reúnen periódicamente para deliberar y tomar decisiones sobre una amplia gama de asuntos. Este órgano es esencialmente el reflejo de la voluntad colectiva y debe convocarse al menos una vez al año.

La Asamblea General cuenta con competencias diversas y de gran relevancia, muchas de las cuales son inderogables e indelegables según la ley. Algunas de estas competencias incluyen la designación y destitución del Consejo Rector, que funciona de manera análoga a un consejo de administración en empresas convencionales. Además, la Asamblea tiene la responsabilidad de supervisar la gestión de la cooperativa, aprobar las cuentas y determinar la distribución de los excedentes o la imputación de las pérdidas. Importante destacar que cada socio tiene voz y voto en la Asamblea, lo que refleja los principios democráticos fundamentales de las cooperativas.

Es esencial señalar que los acuerdos tomados en la Asamblea pueden ser objeto de revisión, ya que un "acuerdo mayoritario" no siempre es sinónimo de "acuerdo válido". Si un acuerdo es contrario a la ley o a los Estatutos, o si perjudica los intereses de la cooperativa o de uno o varios socios, puede ser impugnado.

Consejo Rector:

El Consejo Rector desempeña un papel crucial en la gestión diaria de la cooperativa. Este órgano es responsable de aplicar la ley y los Estatutos Sociales, así como de establecer las directrices generales de la gestión de la cooperativa, en línea con la política definida por la Asamblea General. Además, el Consejo Rector representa legalmente a la cooperativa en todas las interacciones con terceros, incluyendo aquellas que requieren decisiones o autorización de la Asamblea General. Su autoridad se extiende a todos los asuntos relacionados con el objeto social de la cooperativa.

Los Estatutos Sociales deben especificar el número de miembros del Consejo Rector, que generalmente no puede ser inferior a tres. También es posible establecer la existencia de miembros suplentes que puedan reemplazar a los titulares en caso necesario. En cooperativas con un número reducido de socios (menos de diez), es factible confiar la representación, gobierno y gestión de la cooperativa a un administrador único o dos administradores, que pueden actuar de manera solidaria o mancomunada. Los miembros del Consejo Rector, incluyendo los suplentes, son elegidos para un período que oscila entre dos y seis años, con la posibilidad de reelección, aunque existen restricciones legales en este aspecto. Es importante resaltar que, de acuerdo con la ley, el presidente del Consejo Rector ostenta la representación legal de la cooperativa.

También es factible que la Asamblea General o el Consejo Rector acuerden la designación de un director, aunque es crucial que las atribuciones de esta figura queden debidamente registradas en una escritura notarial.

Interventores:

Los Interventores juegan un papel crucial en la gestión de la cooperativa, ya que su función principal es la fiscalización, y en caso necesario, la aprobación de las cuentas anuales.

Estos Interventores son elegidos por la Asamblea General y no pueden haber formado parte del Consejo Rector durante el período que se está fiscalizando. La legislación estipula que las cooperativas de viviendas deben someter sus cuentas a auditoría externa en función del número de viviendas o fases en promoción, estableciendo un límite a partir del cual la auditoría es obligatoria.

Estatutos de la Cooperativa:

Los Estatutos Sociales son un componente esencial en la gobernanza de las cooperativas, ya que establecen las reglas de funcionamiento y las estructuras de gobierno. La inscripción de estos Estatutos en el registro es obligatoria para garantizar su validez. Inicialmente, los Estatutos se registran conjuntamente con la escritura de constitución de la cooperativa, pero posteriormente pueden modificarse según sea necesario. Los Estatutos deben ser entregados a cada socio en el momento de su incorporación a la cooperativa.

Es importante destacar que las cooperativas tienen un alto grado de autonomía para aplicar sus Estatutos, siempre y cuando cumplan con los límites y condiciones establecidos por la ley. La versatilidad en la aplicación de los Estatutos es una de las características fundamentales de las cooperativas.

Formalidades para la Constitución

Certificado de denominación no coincidente: El primer paso consiste en obtener un certificado de denominación no coincidente, el cual se solicita en el Registro Central de Cooperativas. Este certificado demuestra que el nombre seleccionado para la cooperativa de viviendas no se encuentra en uso por ninguna otra entidad en España.

Convocatoria de la Asamblea Constituyente: Posteriormente, se procede a convocar la Asamblea Constituyente, en la que deben participar todos los socios fundadores de la cooperativa. En esta reunión se abordan diversos temas, como:

- Determinar las contribuciones financieras de los socios.
- Establecer los Estatutos de la cooperativa.
- Declarar la voluntad de la cooperativa y de sus miembros.
- Elegir a las personas para ocupar cargos de responsabilidad dentro de la cooperativa.

Obtención del CIF (Código de Identificación Fiscal): Es necesario solicitar un CIF o código de identificación fiscal para la cooperativa. Además, se deben realizar los trámites de alta en el impuesto de actividades económicas y en el impuesto de sociedades, así como abrir los libros contables.

Capital Social Inicial: Los fundadores de la cooperativa deben abrir una cuenta bancaria a nombre de la cooperativa en una entidad financiera. En esta cuenta se deposita la totalidad del capital social mínimo estipulado en los Estatutos de la cooperativa.

Formalización notarial de acuerdos mediante escritura pública: Se requiere que la cooperativa se establezca mediante una escritura pública notarial. Todos los socios fundadores deben estar presentes en la firma de esta escritura, lo que significa que no se pueden distinguir entre socios fundadores y socios constituyentes, ni el notario puede simplemente elevar a escritura pública una certificación de una asamblea constitutiva realizada sin su presencia.

En la escritura debe constar:

- Nombres y apellidos de los socios constituyentes o su denominación social, así como sus domicilios en ambos casos.
- La declaración de voluntad de los otorgantes de constituir una cooperativa.
- Los estatutos de la cooperativa.
- La confirmación de que el capital social mínimo ha sido completamente suscrito y pagado.
- La documentación de las contribuciones en efectivo, incluyendo una certificación de la entidad financiera

correspondiente.

- El valor y los detalles de las contribuciones no monetarias y la identidad del socio que las realice.
- La designación de los miembros del primer Consejo Rector y sus funciones, así como, si es relevante, del administrador o administradores.
- La fecha prevista para el inicio de las operaciones de la cooperativa.
- El nombre elegido y confirmación de que no existe ninguna otra entidad, ya sea cooperativa o mercantil.

Inscripción en registro: Para solicitar la inscripción, se debe presentar en el Registro una copia autorizada y tres copias simples notariales de la escritura de constitución, además de demostrar que las operaciones de constitución han sido debidamente declaradas ante la oficina liquidadora del impuesto de transmisiones patrimoniales y actos jurídicos documentados, mediante la presentación del modelo 600.

Inscripción en el Censo de empresarios, profesionales y retenedores antes de comenzar las operaciones de la cooperativa: Se presenta el modelo 036 ante la delegación o administración correspondiente de la AEAT (Agencia Estatal de Administración Tributaria). Esta declaración también se utiliza para solicitar la asignación de un NIF (Número de Identificación Fiscal), que para las cooperativas comienza con la letra "F." Si la cooperativa ya tiene un NIF provisional, debe solicitar el definitivo mediante el modelo 036.

El modelo 036 también e utiliza cuando se produzcan cambios en los datos declarados en la inscripción inicial o en declaraciones posteriores. El plazo para notificar las modificaciones es de un mes a partir del día siguiente en que ocurran los hechos que deben ser reportados.

Formalización laboral: Las cooperativas de viviendas generalmente no emplean trabajadores de manera directa; suelen utilizar los servicios de empresas gestoras. Sin embargo, en caso de que contraten trabajadores, deben cumplir con todas las obligaciones laborales establecidas por la normativa laboral aplicable a las empresas.

Esto incluye:

1. Notificar la apertura del centro de trabajo.
2. Adquirir el libro de visitas y establecer un calendario laboral.
3. Inscribirse en la Seguridad Social y dar de alta y afiliar a los trabajadores.
4. Cumplir con las obligaciones de cotización a la Seguridad Social.
5. Implementar medidas de prevención de riesgos laborales, entre otras.

Aunque las cooperativas de viviendas no suelen tener empleados directos, es importante que cumplan con estas obligaciones laborales si en algún momento deciden contratar trabajadores para llevar a cabo sus operaciones.

Fiscalidad de las cooperativas de viviendas según la ley 20/1990

La Ley 20/1990, que regula el Régimen Fiscal de las Cooperativas (LRFC), establece disposiciones fiscales específicas para las cooperativas en comparación con las sociedades mercantiles en general. En casos no previstos explícitamente por esta ley, se aplican las normas fiscales generales. Además, la LRFC aborda el régimen fiscal de las cooperativas de viviendas y clasifica las cooperativas en dos categorías:

1. **Cooperativas Protegidas Fiscalmente**: Estas cooperativas, al cumplir con los principios y disposiciones de la Ley de Cooperativas sin incurrir en las causas previstas en el Artículo 13 de dicha ley, se consideran cooperativas protegidas fiscalmente.
2. **Cooperativas Especialmente Protegidas Fiscalmente**: La LRFC otorga protección especial a ciertas cooperativas debido a su objeto social y a los socios que las conforman. Esto se aplica a las Cooperativas de Trabajo Asociado, Agrarias, Explotación Comunitaria de la Tierra, del Mar y de Consumidores y Usuarios.

En cuanto a la normativa fiscal, la LRFC contiene dos tipos de normas:

A. Normas de Incentivo: Estas normas ofrecen beneficios fiscales a las cooperativas en función de su contribución a la sociedad. Se encuentran en el Título IV de la ley, en los artículos 33 a 38.

B. Normas de Ajuste: Estas normas aseguran que los impuestos a los que están sujetas las cooperativas se adapten técnicamente a sus características societarias específicas.

Beneficios Fiscales para Cooperativas de Viviendas según la LRFC:

1. Clasificación Fiscal: Las Cooperativas de Viviendas se consideran cooperativas protegidas fiscalmente, lo que conlleva los siguientes beneficios fiscales:
   a) Impuesto sobre Transmisiones Patrimoniales y Actos Jurídicos Documentados:
      - Exención en actos de constitución y ampliación de capital.
      - Exención en adquisiciones y derechos que se integren en el Fondo de Educación y Promoción para el cumplimiento de sus fines.
   b) Impuesto sobre Sociedades:
      - Aplicación de un 20% a la base imponible correspondiente a los resultados cooperativos.
      - Aplicación de un 25% (tipo general) a la base imponible correspondiente a los resultados extracooperativos.

2. Libertad de Amortización: Las cooperativas de viviendas pueden aplicar la libertad de amortización a los elementos

de activo fijo nuevo amortizable, adquiridos dentro de tres años a partir de su inscripción en el Registro de Sociedades Cooperativas de la Comunidad Valenciana. Sin embargo, esta libertad de amortización no puede superar el saldo de la cuenta de resultados cooperativos, después de deducir las aportaciones obligatorias al Fondo de Reserva Obligatorio y las participaciones del personal asalariado.

3. Tributos Locales: La LRFC establece una bonificación del 95% de la cuota y los posibles recargos en los impuestos locales como el Impuesto sobre Actividades Económicas (IAE) y el Impuesto sobre Bienes Inmuebles (IBI) para bienes de naturaleza rústica de cooperativas agrarias y de explotación comunitaria de la tierra.

ENTIDADES GESTORAS DE COOPERATIVAS DE VIVIENDAS

Una entidad gestora es una empresa que ofrece servicios de gestión y asesoramiento a cooperativas de viviendas a cambio de un precio acordado entre ambas partes. La sociedad gestora está a disposición de la cooperativa y debe cumplir con la ley y ser transparente en su actividad. En ningún momento puede disponer de los fondos de la cooperativa, que son utilizados exclusivamente por los socios a través de sus representantes. En la mayoría de los casos, las cooperativas son controladas por terceros profesionales, es decir, las sociedades gestoras, que toman decisiones en todos los aspectos del proyecto de construcción. Por lo tanto, es común solicitar informes sobre actuaciones anteriores y, a veces, garantías adicionales de estas sociedades gestoras, aunque no estén legalmente obligadas a proporcionarlas.

El apoderamiento de un gestor por parte del Consejo Rector de la cooperativa se basa en la concesión de poderes y facultades de gestión o dirección. Las leyes autonómicas regulan esta cuestión de manera diversa, permitiendo la delegación de poderes a terceros en algunos casos. Algunas de las leyes autonómicas más importantes que abordan este tema son:

- En Extremadura, la Ley de Cooperativas permite al Consejo Rector otorgar apoderamientos a favor de cualquier persona, aunque sería más lógico referirse a la delegación de facultades de gestión.
- En Cataluña, se contempla la delegación de facultades del Consejo a favor de sus miembros o de una comisión, sin mencionar el apoderamiento a terceros.
- En la Comunidad de Madrid, la ley se refiere a la delegación en algunos consejeros y a la figura del Director, pero no menciona la delegación a terceros.
- En la Comunidad Valenciana, la ley contempla la delegación de facultades a sus miembros o comisión, limitadas a ciertas facultades exclusivas del Consejo Rector, incluyendo el otorgamiento de poderes generales.

En general, el Consejo Rector puede otorgar apoderamientos y proceder a su revocación a cualquier persona, y estas facultades se especifican en la escritura de poder. También es responsabilidad del Consejo Rector la alta gestión, supervisión de los directivos y representación de la Sociedad Cooperativa. El apoderamiento se basa comúnmente en una relación contractual subyacente, como un mandato, contrato de servicios o relación laboral, y puede ser realizado por una empresa gestora que asume facultades de gestión o representación en nombre del Consejo Rector de la cooperativa. En proyectos de gran envergadura, es común que los promotores de cooperativas de viviendas contraten a una entidad gestora para encargarse de la asistencia técnica, económica, jurídica y administrativa necesaria para llevar a cabo la promoción de viviendas. Esta entidad gestora debe contar con la debida acreditación y se encargará de atraer a los socios a la cooperativa y de gestionar el proyecto cooperativo según las decisiones del Consejo Rector y los socios.

Relación Contractual entre las Empresas Gestoras y las Cooperativas de Viviendas

La mayoría de los contratos celebrados entre las empresas gestoras y las cooperativas de viviendas siguen el esquema de un "contrato de servicios". La prestación de servicios comprende diversas actividades, como gestión, asesoramiento e incluso la interacción con terceros. La entidad gestora es responsable de actuar con diligencia profesional y puede ser responsable en caso de incompetencia profesional, negligencia o dolo. También es posible establecer un "contrato de gestión" entre la cooperativa y la entidad gestora, en el que se acuerdan diversas prestaciones que se ajustan a estos tipos de contratos típicos. Estas prestaciones pueden incluir la constitución de la cooperativa, la convocatoria y celebración de asambleas generales y del consejo rector, así como el proceso de adjudicación de las viviendas.

Funciones de la Entidad Gestora en Proyectos de Cooperativas de Viviendas

La entidad gestora tiene un amplio campo de acción en la promoción de viviendas, abarcando todo el proceso, desde la adquisición del terreno hasta la entrega de las llaves de las viviendas, y en general, en todas las acciones necesarias para llevar a cabo con éxito la promoción. Las funciones típicas de las entidades gestoras incluyen:

Funciones de Promoción Inmobiliaria:

- Análisis del mercado inmobiliario.
- Localización y gestión del suelo.
- Constitución de la cooperativa y denominación social.
- Captación de socios y grupos interesados.
- Apoyo al Consejo Rector.
- Coordinación y supervisión de servicios externos involucrados en la promoción.
- Coordinación y seguimiento del desarrollo de la promoción.

Funciones Urbanísticas:

- Selección y supervisión del equipo técnico.
- Desarrollo del proyecto técnico.
- Negociación con empresas constructoras y selección de ofertas.
- Supervisión de la obra y control de los plazos.
- Control del presupuesto y la calidad de la construcción.
- Cierre técnico de cada proyecto de viviendas.

Funciones Jurídicas (Estatutos y Registros):

- Constitución legal de la cooperativa.
- Redacción de estatutos.
- Inscripción en registros legales.
- Participación en concursos públicos para la adquisición de terrenos.
- Contratación de obras de construcción y gestión de licencias.

Funciones Administrativas:

- Documentación de la cooperativa.
- Preparación de reuniones y asambleas.
- Comunicación con los socios.
- Gestión de préstamos hipotecarios.
- Asesoramiento y contratación de obras de construcción.
- Tramitación de subvenciones y ayudas gubernamentales.

Funciones Económicas y Financieras:

- Seguimiento económico de la promoción.
- Gestión contable.
- Interacción con la Administración.
- Asesoramiento en cuestiones contables y fiscales.

RETOS Y DIFICULTADES ACTUALES DE LAS SOCIEDADES COOPERATIVAS DE VIVIENDA

Las sociedades cooperativas de vivienda enfrentan retos tanto en su función como empresas participativas como en su función como promotores inmobiliarios, que van desde la preservación de la gestión democrática hasta la necesidad de diversificarse y superar desafíos específicos en el proceso de promoción de viviendas. La supervisión de la Administración Pública es crucial para garantizar la autenticidad del modelo cooperativo y prevenir abusos en proyectos cooperativos.

Los retos actuales de las sociedades cooperativas de vivienda se pueden dividir en dos categorías principales:

1. Desafíos en su función como empresas participativas

Preservación de la gestión democrática: El principal desafío radica en mantener la esencia de la gestión democrática mientras se logra una participación efectiva y responsable de los socios. Esto requiere organizar un diálogo democrático sobre preferencias y necesidades sin obstaculizar la gestión.

Involucramiento de los socios consumidores: Las cooperativas deben encontrar formas de involucrar a los socios consumidores en el desarrollo del producto, utilizando mecanismos adecuados.

Conciencia del riesgo empresarial: Los socios deben ser conscientes de que asumen un riesgo empresarial real al tomar decisiones y asumir riesgos. La formación e información de los miembros y gestores son esenciales para este propósito.

Papel insustituible de las cooperativas: Las cooperativas de consumo ofrecen una perspectiva de consumo en un entorno dominado por los productores, lo que equilibra los intereses de consumidores, distribuidores y fabricantes.

2. Desafíos en su función como promotores inmobiliarios

Diversificación de actividades: Las cooperativas deben ampliar su presencia en el sector inmobiliario y diversificar sus actividades, sin confundirlas con la promoción de viviendas de carácter social.

Gestión democrática comprometida: Existe el riesgo de que la gestión democrática se vea comprometida debido a la falta de comprensión de los socios sobre la naturaleza de la sociedad o el abuso por parte de los gestores.

Adaptación a las necesidades de los socios: Las cooperativas enfrentan desafíos relacionados con la dificultad de promover viviendas que se adapten a las necesidades de sus socios, especialmente viviendas protegidas.

3. Problemas específicos

Falta de conocimiento de los socios sobre su situación legal: En la práctica, especialmente en el caso de cooperativas cuyo objetivo es promover y proporcionar viviendas a sus socios, es común observar que muchos de estos socios tienen un conocimiento limitado, en su mayoría, sobre el funcionamiento de una cooperativa y la estructura del cooperativismo de viviendas.

Además, a menudo desconocen los aspectos complejos relacionados con el negocio inmobiliario y las implicaciones legales y financieras que conlleva. Esto ha llevado en algunas ocasiones a problemas graves que han amenazado el éxito del proyecto.

Es frecuente que los socios adjudicatarios de las cooperativas de viviendas protegidas crean erróneamente que no están expuestos a los riesgos asociados a la promoción, a pesar de ser socios adjudicatarios. Esto puede deberse en parte al requisito impuesto por la Administración de cumplir con ciertos criterios para obtener una vivienda protegida y al hecho de que la Administración verifica el cumplimiento a través del visado de los contratos de adjudicación. Esto refuerza la percepción de los socios de que se trata de una promoción pública en lugar de una iniciativa privada bajo el régimen cooperativo.

Por lo tanto, consideramos que es esencial proporcionar una información adecuada a los socios por parte de los promotores del proyecto en el momento de su incorporación a la cooperativa, destacando explícitamente su rol como promotores y la responsabilidad que conlleva.

Problemas financieros: Después del colapso de la burbuja inmobiliaria, muchas promotoras y constructoras tradicionales se vieron incapaces de obtener crédito de instituciones financieras, lo que las llevó a considerar el modelo cooperativo como una fuente potencial de financiación. En muchos casos, los proyectos adoptan este enfoque principalmente para asegurarse el acceso al crédito para la promoción, en lugar de elegir el sistema cooperativo por sus ventajas inherentes. Esto es especialmente cierto cuando la iniciativa proviene de actores legales que no están familiarizados con el modelo cooperativo y encuentran dificultades insuperables para obtener financiamiento de otras formas.

Es importante destacar que la autofinanciación de la construcción por parte de los propios socios adjudicatarios es inviable en la práctica, especialmente en el caso de cooperativas que promueven viviendas protegidas. La normativa establece límites a las contribuciones que los adjudicatarios deben realizar por adelantado para la adjudicación de viviendas y anexos, lo que limita su capacidad para financiar la construcción.

Como resultado, las cooperativas suelen negociar con entidades financieras una línea de crédito hipotecario que les permita inicialmente adquirir el terreno donde se planea desarrollar el proyecto, con la intención de convertir esta línea de crédito en un crédito promotor en una etapa posterior para viabilizar la realización del proyecto.

En la actualidad, es común que las entidades financieras exijan a las cooperativas demostrar que cuentan con un número igual de socios adjudicatarios y viviendas o locales vinculados. Además, algunas entidades financieras requieren información económica y laboral de todos los socios adjudicatarios para evaluar posibles riesgos financieros y solvencia. También es común que se soliciten avales mancomunados de los socios, hasta el límite del precio de la vivienda o local que cada uno planea adquirir.

Debido a estas condiciones, las entidades financieras a menudo condicionan la concesión de líneas de crédito a la adopción del modelo cooperativo, considerando que es la forma más efectiva de diversificar el riesgo en el proceso de promoción, ya que son los socios cooperativistas quienes asumen la responsabilidad última del riesgo empresarial inherente al proyecto financiado.

Las sociedades gestoras de cooperativas y su relación con estas: Dada la complejidad de llevar a cabo proyectos de construcción de viviendas, las cooperativas suelen buscar la ayuda de profesionales que proporcionen asistencia a cambio de una compensación económica. En este contexto, las sociedades gestoras desempeñan un papel relevante al ofrecer asistencia técnica, supervisar la ejecución de la obra y garantizar el cumplimiento de plazos y regulaciones urbanísticas.

Es importante destacar que, en la actualidad, muchas cooperativas de viviendas son creadas y gestionadas por las propias sociedades gestoras, a diferencia del pasado, cuando eran impulsadas principalmente por el movimiento asociativo, entidades públicas o los propios socios. Esta evolución ha generado conflictos legales y críticas hacia las llamadas "falsas cooperativas", que se considera que operan con ánimo de lucro y distorsionan el modelo cooperativo de viviendas. Sin embargo, este enfoque no refleja la diversidad del cooperativismo de viviendas, que incluye proyectos respaldados por el gobierno, promociones municipales y proyectos más pequeños con una estrecha relación entre la cooperativa y la gestora.

Para abordar estas preocupaciones, el legislador español ha establecido normativas que delimitan la responsabilidad de quienes actúan como promotores reales bajo la apariencia de promotores o gestores de cooperativas, con el objetivo de prevenir posibles fraudes.

Para garantizar el éxito de un proyecto de construcción de viviendas en régimen de cooperativa, es esencial establecer una serie de medidas de protección. A continuación, enumeramos algunas de las prácticas comunes que suelen adoptar las cooperativas de viviendas:

Las contribuciones anticipadas para la vivienda se depositan en una cuenta corriente especial de la cooperativa. Los fondos solo pueden ser retirados previa autorización de la entidad aseguradora o financiera que emite el seguro o aval correspondiente, el cual individualiza las cantidades aportadas por cada socio hasta la entrega de las llaves.

La financiación se obtiene a través de instituciones financieras de renombre que ofrecen financiamiento temporal y asesoramiento integral para la compra de viviendas. Garantizan las mejores condiciones para los préstamos protegidos.

La cooperativa es responsable de adquirir el terreno y lo mantiene como propiedad de la misma desde el inicio hasta que se formaliza la escritura de las viviendas a favor de los socios.

Se busca activamente la obtención de subvenciones y ayudas destinadas a viviendas de protección pública de conformidad con los Planes estatales de Vivienda.

FUTURO Y CONCLUSIÓN

En este libro, hemos explorado el mundo de las cooperativas de viviendas en España, desde sus fundamentos generales hasta su importancia en el contexto inmobiliario, pasando por su proceso de creación y funcionamiento. A lo largo de nuestro recorrido, hemos abordado los principales sectores de desarrollo de las cooperativas y las leyes que regulan su existencia y funcionamiento. Ahora, en este capítulo final, reflexionaremos sobre el estado actual de las cooperativas de viviendas en España y vislumbraremos su futuro.

En la actualidad, las cooperativas de viviendas desempeñan un papel cada vez más importante en el mercado inmobiliario español. Han demostrado ser una opción sólida y sostenible para que las personas accedan a una vivienda de calidad. Sus ventajas, como la participación activa de los socios en la toma de decisiones y la reducción de costos, las hacen atractivas en un mercado inmobiliario a menudo caracterizado por la especulación y la falta de transparencia.

Sin embargo, no podemos pasar por alto los desafíos y dificultades que enfrentan las cooperativas de viviendas en la actualidad. La complejidad de la regulación, los problemas financieros, la falta de tierras disponibles y la necesidad de mejorar la gestión son solo algunos de los obstáculos que deben superarse.

A pesar de estos desafíos, las cooperativas de viviendas tienen un futuro prometedor en España. Su modelo cooperativo, basado en la colaboración y la solidaridad, se alinea con las crecientes demandas de una sociedad que valora la participación ciudadana y la sostenibilidad. En este sentido, es fundamental que las autoridades y las entidades gestoras continúen apoyando y promoviendo este modelo.

Para asegurar un futuro sólido para las cooperativas de viviendas, es necesario abordar ciertas áreas clave:

Reformas Legislativas: Es crucial que las leyes que regulan las cooperativas de viviendas se adapten a las necesidades cambiantes de la sociedad y simplifiquen los procesos administrativos.

Acceso a Suelo: La disponibilidad de tierras adecuadas para proyectos de cooperativas es esencial. Se deben explorar opciones de colaboración público-privada para garantizar el acceso a suelo a precios razonables.

Formación y Asesoramiento: Los socios y los órganos de gobierno de las cooperativas deben recibir capacitación y asesoramiento adecuados para mejorar la gestión y la toma de decisiones.

Fomento de la Innovación: La incorporación de tecnologías y prácticas sostenibles en la construcción de viviendas cooperativas puede mejorar la eficiencia y reducir los costos a largo plazo.

Transparencia y Ética: Mantener altos estándares de transparencia y ética en la gestión de cooperativas es esencial para mantener la confianza de los socios y el público en general.

En conclusión, las cooperativas de viviendas en España han demostrado ser una alternativa viable y valiosa en el sector inmobiliario. Su modelo participativo y centrado en las personas ofrece soluciones a los desafíos de la vivienda asequible y sostenible. Si se abordan los desafíos actuales y se promueve un entorno favorable, estas cooperativas tienen un futuro brillante en el panorama inmobiliario español. Su capacidad para adaptarse y evolucionar garantizará que sigan desempeñando un papel fundamental en la construcción de comunidades y la satisfacción de las necesidades de vivienda de la sociedad española.

REFERENCIAS CONSULTADAS

- Ley 20/1990, de 19 de diciembre, sobre Régimen Fiscal de las Cooperativas.
- Ley 27/1999, de 16 de julio, de Cooperativas
- REVESCO. Revista de Estudios Cooperativos. Las cooperativas de viviendas en régimen de cesión de uso: ¿una alternativa real a la vivienda en propiedad y en alquiler en España? de Héctor Simón Moreno
- REVESCO. Revista de Estudios Cooperativos. La participación de las cooperativas en el desarrollo urbano sostenible de Carmen Esther Falcón Pérez y Juana Fuentes Perdomo
- Congreso Internacional RULESCOOP. Cooperativas de viviendas en España: modelos de adjudicación de Ana Lambea Rueda.
- Revista del área de estudios urbanos del Instituto de Investigación Gino Germani de la Facultad de Ciencias Sociales (UBA). Dossier Pensar y producir otra ciudad: Panorámica actual de las cooperativas de vivienda en cesión de uso en el Estado español. de Juan José Michelini, Mariana Relli Ugartamendía, Francisco Vértiz
- Las cooperativas de viviendas. Análisis desde la economía pública de Pedro Morón Béquer
- CIRIEC-España, Revista de Economía Pública, Social y Cooperativa. Las cooperativas de viviendas de cesión de uso: experiencias emergentes en España de Aitziber Etxezarreta, Gala Cano y Santiago Merino

- Las cooperativas de viviendas en la comunidad valenciana: Constitución y funcionamiento de Gemma Fajardo García (Coordinación), Ana Lambea Rueda, Adela Serra Rodríguez, Carmen Pastor Sempere, Pilar Bonet Sánchez, José Ignacio Martínez Estevan, Vicent Diego i Ramón, Jaime Oñate Clemente de Diego, José Gavidia Cuenca y Lola Folgado Romeu
- Cooperativas de viviendas y cooperativas de despachos y locales, de Waldo Orellana Zambrano
- Adjudicación y cesión de uso en la cooperativas de viviendas: Usufructo, uso y habitación y arrendamiento de Ana Lambea Rueda
- www.idealista.com
- www.fotocasa.es
- Confederación de cooperativas de viviendas y rehabilitación de España. www.concovi.org/

Índice

INTRODUCCIÓN 1

COOPERATIVAS EN GENERAL 5

Los principales sectores de desarrollo 7

Leyes españolas de regulación de cooperativas en general 9

Sobre la actual ley que regula las cooperativas 13

COOPERATIVAS DE VIVIENDAS 19

VENTAJAS QUE OFRECEN LAS COOPERATIVAS DE VIVIENDAS 27

ACTIVIDAD DE LAS COOPERATIVAS DE VIVIENDAS 31

MODALIDADES DE COOPERATIVAS DE VIVIENDAS, SEGÚN
LEGISLACIÓN 33

Cooperativas que buscan vivienda para sus miembros bajo el
régimen de propiedad individual 33

Cooperativas que procuran locales para sus socios en régimen de
propiedad individual 35

Cooperativas que procuran el uso y disfrute de viviendas o locales
para sus socios 37

Cooperativas que procuran edificaciones e instalaciones
complementarias para el uso de las viviendas o locales de los
socios 39

Cooperativas que se ocupan de la rehabilitación de las viviendas y
locales de sus socios, o de las edificaciones e instalaciones
complementarias 41

Cooperativas que se ocupan de conservar o administrar las
viviendas o locales de sus socios, o las edificaciones e instalaciones
complementarias 43

Cooperativas que prestan servicios comunes a los socios en relación con sus viviendas, locales, edificaciones e instalaciones complementarias 47

Otras formas cooperativas para atender necesidades cercanas a la vivienda, locales y otras prestaciones complementarias 51

IMPORTANCIA DE LAS COOPERATIVAS DE VIVIENDA EN EL CONTEXTO INMOBILIARIO ESPAÑOL 53

Impacto socio económico y cultural 59

PROCESO DE CREACIÓN Y DESARROLLO 63

FUNCIONAMIENTO Y ESTRUCTURA 69

Socios o beneficiarios de los servicios que presta la cooperativa de vivienda 69

Estructura y Funciones de los Órganos de Gobierno en una Cooperativa de Viviendas 73

Formalidades para la Constitución 77

Fiscalidad de las cooperativas de viviendas según la ley 20/1990 81

ENTIDADES GESTORAS DE COOPERATIVAS DE VIVIENDAS 85

Relación Contractual entre las Empresas Gestoras y las Cooperativas de Viviendas 89

Funciones de la Entidad Gestora en Proyectos de Cooperativas de Viviendas 91

RETOS Y DIFICULTADES ACTUALES DE LAS SOCIEDADES COOPERATIVAS DE VIVIENDA 93

CONCLUSIÓN Y FUTURO 101

REFERENCIAS CONSULTADAS 105

www.ingramcontent.com/pod-product-compliance
Lightning Source LLC
Chambersburg PA
CBHW062326290526
45794CB00005B/1919